Politik im Comic

Grafische Erzählungen zu Krieg und Gesellschaft

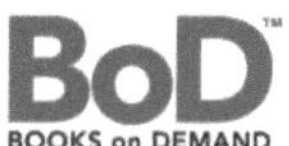

漫畫中的政治

圖像小說中戰爭及社會的呈現

傑哈德・毛赫 (Gerhard Mauch)、
海珂・歐登伯格(Heike Oldenburg)及
梅安德 (André Sven Maertens) 文集

插畫：
王翰僑、比爾吉特・魏黑、嫵麗・露絲特、
張蓓瑜、夏洛特・索羅門、王昱凱、
威利・布羅斯

封面插畫：王翰僑

編者：梅安德

「繪畫與敘述」系列，第二冊

Politik im Comic

Grafische Erzählungen
zu Krieg und Gesellschaft

**Eine Textsammlung von
Gerhard Mauch, Heike Oldenburg
und André Sven Maertens**

Mit Illustrationen von Wang, Han-Chiao,
Birgit Weyhe, Ulli Lust, Chang, Pei-Yu,
Charlotte Salomon, Wang, Yu-Kai
und Willi Blöß

Titelillustration: Wang, Han-Chiao

Herausgeber: André Sven Maertens

Reihe „Zeichnen und Erzählen", Band 2

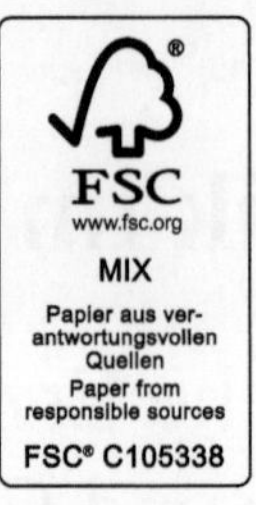

Titelillustration:
„Der vom Pfeil getroffene Tiger – Ding Der Sun",
aus dem Zyklus „Die Räuber vom Liang-Shan-Moor"
von Wang, Han-Chiao
Tuschmalerei, Kugelschreiber, Reispapier
封面插畫：
中箭虎－丁得孫《水滸傳》
水墨畫、黑筆、宣紙----- 王翰僑

Bibliografische Information der Deutschen Nationalbibliothek:
Die Deutsche Nationalbibliothek verzeichnet diese Publikation in der
Deutschen Nationalbibliografie; detaillierte bibliografische Daten
sind im Internet über http://dnb.dnb.de abrufbar.

Herstellung und Verlag: BoD – Books on Demand, Norderstedt
ISBN: 978-3-748111016

Inhaltsverzeichnis

Heike Oldenburg (海珂 · 歐登伯格)
**Krieg als zwischenmenschliche Umgangsform im Comic
– grober Überblick** 7

André Sven Maertens (梅安德)
Zu diesem Buch 10

Gerhard Mauch (傑哈德 · 毛赫)
**Ein Vertrag mit Gott
Comics sind nicht nur komisch, sondern haben eine breite
Palette an Themen zu bieten – auch mit religiös-rituell
relevanten Inhalten** 15

Gerhard Mauch
**„DAS KOMPLOTT – Die wahre Geschichte der Protokolle
der Weisen von Zion" von Will Eisner** 20

Heike Oldenburg
**Leben? Oder Theater? Oder Hölle? – „Etwas ganz
Verrückt-Besonderes"** 23

Heike Oldenburg
**Miné Okubo, „Citizen 13660" – eine Bürgerin zweiter
Klasse** 28

Heike Oldenburg
**Afrikaner*innen in Gold –
Thema „MADGERMANES" von deutscher Zeichnerin
aufgegriffen** 32

Heike Oldenburg
Mini-Comic: „Der Krawall der Irren"; Über den Künstler

George Grosz, der den Ersten Weltkrieg als „Krawall der Irren" bezeichnete 40

Heike Oldenburg
FLUGHUNDE – brillant gezeichnetes, aber sehr brutales Thema 44

Heike Oldenburg
Eine „Siegerin" dokumentiert die Zeiten nach dem Kalten Krieg und dem Zerfall der Sowjetunion 49

Holger Hähle（何浩哲）
„Flucht aus Berlin": Bildgewaltige Abenteuer mit politischen Botschaften von Gerhard Seyfried 53

Chang, Pei-Yu（張蓓瑜）
Interview mit Pei-Yu Chang: Auf den Spuren des Mysteriums um Herrn Benjamins Koffer 57

Konstantin Klingberg（康斯坦丁・克林柏格）
Pei-Yu Chang, „Der geheimnisvolle Koffer von Herrn Benjamin" 70

Wang, Yu-Kai（王昱凱）
Künstlerische Arbeit mit Antikriegsmotiv: Wir sollten den Frieden zwischen den Menschen aufrechterhalten! 75

Wang, Han-Chiao（王翰僑）
„Blitz" – ein Comic über Umweltschutz und einen unbekannten Helden 78

Über die Autorinnen und Autoren der Beiträge 103
Danksagung an die fördernden Organisationen 107
Klappentext in weiteren Sprachen 108

Krieg als zwischenmenschliche Umgangsform im Comic – grober Überblick

„Der Friede ist das höchste Gut, 24. Oktober 1648"
(frei übersetzt aus dem Lateinischen, Westfälischer Friede)

gesehen von: Heike Oldenburg, Juni 2018

Dieser Band beschäftigt sich mit Politik im Comic. Politik – das ist, wie die Art des Umgangs von Menschen miteinander organisiert wird, inklusive des Aktes der Organisation selbst. Eine Politik, die nicht den Menschen/die Welt als Ganzes im Blick hat, kann zu Krieg führen, sogenannte „Politik mit anderen Mitteln".

Ein Blick auf die Ergebnisse von Kriegen weltweit macht klar: Es werden keine Probleme gelöst. Im Gegenteil führen sie zu großer Not der Menschen, zu Toten, zu zerstörten Ländern, zu Verbitterung und Hass. Das führt häufig zu weiterer Gewalt, zu Vertreibung und (zum Teil tödlich endender) Flucht.

Es gibt – eher konservativ geschätzt – ca. 10.000 Comicbände zum Thema. Nahezu in allen großen französischen, belgischen und amerikanischen Comic-Serien der 1940er Jahre gab es (zeitweise) Kriegsthematik. Die Zahl wächst täglich. In einem modernen Antischurken-Comic sagt der (übrigens ein-armige Prothesenträger) Oberschurke Ballister Blackheart: „Töten löst keine Probleme, Nimona. Es ist vulgär und eklig ..." – das ist deutlicher Pazifismus.

Wo fängt Krieg im Comic an? Wie ist sinnvoll zu definieren, was dazu zählt? Darstellung von Schlachten? Von Soldaten in/vor/nach Schlachten? Konflikte zwischen Ländern? Bürgerkriege? Bereits verbale Thematisierung von Krieg, erzählte Gewalt? Vermeidungsversuche von Krieg (Tim und Struppi, „König Ottokars Zepter")? Oder wenn z. B. nur das letzte Viertel einer Graphic Novel während

der Französischen Revolution spielt („Die Frau ist frei geboren",
Catel/Bocquet)? Settings wie neue Gesellschaften in Nach-Atom-
kriegs-Gegenden, also Science Fiction (SF)? Lebensberichte von Ex-
Soldaten, inkl. spätere Traumatisierungen (Leben von Krieg über-
formt)? Aufarbeitungsberichte von kriegsbezogenen Traumatisierungen? Innerfamiliäre Auswirkungen? Generationsübergreifende
Weitergabe kriegsbelasteter Kindheiten? Umgang der Menschen miteinander?

In von mir ausgewerteten „1001 Comics" fand ich unter dem Aspekt
Kriegsthema insgesamt 70 Werke. Eine Zuordnung war nicht immer
einfach. Die Themen waren ausschnitthaft: (semi-)autobiographisch:
acht, Erster Weltkrieg: fünf, Zweiter Weltkrieg: elf, Dritter Welt-
krieg/SF/Kalter Krieg/danach: acht, Krieg/historisch/Soldaten gene-
rell: elf, ein Online-Comic 9/11, Kriegsberichterstatter: sechs. Zum
Thema Traumatisierungen nach dem Zweiten Weltkrieg gab es
immerhin fünf Werke!! Die bearbeiteten Länder waren: Äthiopien,
Afghanistan, Bosnien, China, Frankreich, Zweiter Golfkrieg, Iran,
Japan/Hiroshima, Kambodscha, Korea, Kosovo, Ruanda, Russland,
Sudetenland, USA, Vietnam (zwölf Länder und Phantasie).
Die Auswahl an Kriegen, die Comiczeichner*innen thematisch wählen könnten, ist groß. In der „Liste von Kriegen" bei Wikipedia
zählte ich bis heute 677 Kriege (es sei eh nur eine Auswahl! Erscheint
mir sehr untertrieben!), davon seien elf fortlaufend („seit ..."). Der 6-
Tage-Krieg steht neben dem sogenannten Hundertjährigen Krieg –
(nicht nur) dieser dauerte deutlich länger als ein Menschenleben.
Zeitweise wurden militärische Konflikte durch eine kluge Heirats-
politik vermindert. Bekannt hierfür ist Österreich. Ob dies schon
einmal im Comic detailliert thematisiert wurde? Es wäre an der Zeit,
auch Wertschätzende Kommunikation (GfK / Gewaltfreie Kommunikation) und andere konkrete Wege zum Frieden hin verstärkt darzu-
stellen.

Frauen sind, wie auch in der klassischen Malerei, erst später als
Comiczeichnerinnen schaffend tätig geworden. Als Mehrfachbehin-

derte und Frau stelle ich in diesem Band zum Thema Politik / Krieg Graphic Novels a) von Frauen bzw. b) von oder über Menschen mit verschiedenen Behinderungen dar. Ich habe die Werke in diesem Band chronologisch nach dem Entstehungsjahr angeordnet.

Heike Oldenburg, Januar 2018

Zu diesem Buch

Mit dem zweiten Band der Reihe „Zeichnen und Erzählen" setzen wir die kritische Besprechung und Vorstellung von politischen Comics fort. Sinnfreie und lediglich lustige Comics haben durchaus ihre Berechtigung – als Unterhaltung und zur Zerstreuung. Doch für die notwendige gesellschaftskritische Diskussion braucht es Bildgeschichten, die zum Denken und auch zum Handeln anregen. Das Medium Comic, also grafische bzw. sequenzielle Literatur, tut dies durch kreative künstlerische Gestaltung, durch Bilder mit visueller und auch sprachlicher Kraft sowie durch packende Erzählungen über Gesellschaft und Geschichte. In diesem Sammelband stehen dabei die kriegskritischen Bild-Erzählungen im Vordergrund. Aber was ist ein Kriegscomic? Was ist Krieg? Und was bedeutet „kriegskritisch"? Hier beginnt die spannende Debatte zu politischen Comics. Beim Lesen der Buchkritiken lassen sich zudem neue Denkweisen über Comics und neue Sichtweisen auf politische Situationen entdecken – denn immer geht es in den besprochenen Geschichten um die Gesellschaft, in der wir leben, und auch um die Vision von einer Gesellschaft, in der wir gern leben würden.

Mein herzlicher Dank geht an alle Beitragenden, allen voran an Gerhard Mauch (Gischbl) und Heike Oldenburg. Für die chinesisch-sprachigen Übersetzungen und auch die Kontrolle von übersetzten Texten möchte ich den Professor*innen Zhou, Xin, Christian Richter und Tseng, Chien-Kang meinen Dank aussprechen. Für die Über-setzung der Abstracts und weiterer Texte bedanke ich mich bei den Wenzao-Absolventinnen Chang, Pi-Yun, Su, Hsiao-Han, Tsou, Jen-Yu, Cheng, Pin-Chuan und Chang, Yan-Chun. Die Aufgabe, den Rückseitentext in ihre jeweiligen Sprachen zu übersetzen, haben für das Französische abermals Rodolphe Guilet, für das Japanische Lin, Yi-Chen sowie Chen, Fei-Pei, für das Spanische Ignacio Jesús Pérez Moreno und für das Niederländische ein weiteres Mal Youri Caris übernommen, wofür ich ihnen allen sehr dankbar bin. Für die Hilfe bei technischen Fragen danke ich Holger Hähle und Chang, Pi-Yun.

Bei Chang, Pi-Yun möchte ich mich darüber hinaus für die äußerst engagierte und höchst kompetente Assistenz bei der Konzipierung und Erstellung dieses Bandes herzlichst bedanken.

Abschließend geht mein Dank an die Regionalgruppe Freiburg und den Landesverband Baden-Württemberg der Deutschen Friedensgesellschaft – Vereinigte KriegsdienstgegnerInnen (DFG-VK), die erneut den Druck dieser Reihe als Sponsoren unterstützt haben.

Geschrieben wurden die Beiträge in diesem Sammelband in Deutschland und Taiwan, von Expert*innen, Comiczeichner*innen, gesellschaftspolitischen Aktivist*innen, Leuten, die einfach gern Bildgeschichten lesen, von Sprachlehrer*innen und von Student*innen.

Gerhard Mauch beginnt mit Texten, welche die Themen Religion und Antisemitismus behandeln (etwa in einer Besprechung von Will Eisners Bildgeschichte „Das Komplott – Die wahre Geschichte der Protokolle der Weisen von Zion"). Heike Oldenburg widmet sich einer Reihe von Bildgeschichten, die einen großen Bogen von Charlotte Salomons Leben über den Irrsinn des Ersten Weltkriegs in Werken von George Grosz bis zu Ulli Lusts „Flughunde", einer grafischen Adaption von Marcel Beyers Bestsellerroman zum Zweiten Weltkrieg, spannen. Holger Hähle befasst sich in seiner Buchbesprechung damit, wie Seyfried auf vielschichtige Weise die alternative Szene Berlins geschildert hat. Die Münsteraner Buchkünstlerin Chang, Pei-Yu gewährt uns im Interview einen Einblick in ihre Arbeit am Bilderbuch zu Walter Benjamins tragischer wie bedeutsamer Fluchtgeschichte, sie geht auch auf politische Kinderbücher in Deutschland ein. Der Freiburger Buchhändler Konstantin Klingberg bespricht Frau Changs Buch aus fachlicher Perspektive. Wang, Yu-Kai, Student der Wenzao-Universität, spricht anhand eines Bildes mit Antikriegsmotiv über seine künstlerische Arbeit.

Am Ende des Bandes werden neben anderen Zeichnungen von Wang, Han-Chiao als „work in progress" einige ausgewählte Seiten aus seinem Comic „Blitz" vorgestellt, in dem es um Umweltzerstörung geht – und damit um einen Krieg gegen die Natur, der von den

Menschen in den reichen Ländern zwar gern verdrängt wird, den eben diese Menschen, also wir, jedoch täglich mitführen.

Viel Vergnügen beim Lesen dieses Sammelbands wünscht

André Sven Maertens
(Wenzao-Universität, Kaohsiung, Taiwan)

Hinweis: Bei jeder Buchbesprechung findet sich ein Abstract in Deutsch und Chinesisch.

關於本書

《繪畫與敘述》系列第二冊繼續以批判的角度評論及介紹政治漫畫。言之無物和純粹以趣味為主的漫畫也有存在的理由—即娛樂及調劑的功能。然而想要啟動有必要的、具社會批判性的討論，就需要能激發思考、甚至挑起行動的漫畫。漫畫此一媒介，即圖像文學，可說是藉連續圖像傳達的文學。富創意的藝術設計、視覺和語言上充滿力量的圖片以及對社會歷史的動人描述為其呈現方式。本書主題為批評戰爭的漫畫，但什麼是戰爭漫畫？什麼是戰爭？什麼又是「戰爭批判」？以政治漫畫為題、精彩的舌槍唇劍就此展開，閱讀書中之評論能發現漫畫賞析的新思維模式與對政治的新觀點 — 書中提及的故事不但跟我們當下所生活的社會息息相關，也跟我們冀望能生活於其中的社會願景緊密相連。

衷心感謝本書的所有參與者，特別是傑哈德・毛赫和海珂・歐登伯格。我要對協助中文翻譯及譯文校正的周欣、李克揚和曾建綱教授致上謝意。感謝文藻校友:張碧云、蘇筱涵、鄒人郁、程品荃和張雁淳翻譯文章摘要和其他的文章。同樣也感謝書後文字的翻譯:感謝金瑞滔再次協助法文翻譯、林奕辰與陳斐佩的日文翻

譯、魯瑞傑的西文翻譯，以及慶聯的荷蘭文翻譯。感謝何浩哲和
張碧云在技術性問題上的協助。此外我更衷心感謝張碧云盡心盡
力，且圓滿地協助本冊完成設計及製作。最後感謝德國弗萊堡當
地的團體及德國和平協會（DFG-VK）的巴登－符登堡邦地區協
會，再次贊助本系列書籍的印行。

本書之文章由德國和台灣的專家、漫畫家、社會政治運動家、漫
畫小說的愛好者、外語教師和學生撰寫。傑哈德・毛赫以宗教和
反猶太主義為題（如探討威爾・艾斯納的漫畫《密謀 －錫安長
老會紀要的真相》）撰寫首篇文章；海珂・歐登伯格致力於多本
漫畫的評論，含括了夏洛特・索羅門的一生；喬治・格羅茲作品
呈現第一次世界大戰的瘋狂；以及烏莉・露絲特改編馬歇爾・貝葉
爾以二次世界大戰為題的暢銷小說「狐蝠」；何浩哲的書評論述；
賽瑞佛如何多層次的描繪柏林的另類文化。明斯特市的圖書藝術
家張蓓瑜，在訪談中帶我們深入了解她敘述瓦爾特・班雅明悲
慘、發人省思的逃難故事的繪本，並談到了德國的政治童書，弗
萊堡的書商康斯坦丁・克林柏格從專業的角度評論張蓓瑜的作
品。文藻外語大學的學生王昱凱談論自己以反戰為題的畫作。

本書最後介紹王翰僑尚未完成的漫畫作品《Blitz》，此書內容有
關生態環境破壞以及人們對大自然的侵犯，生活在富裕國家的人
們不願正視這個問題，但這些人 － 也就是你跟我 － 每天都在破
壞大自然。

希望您能享受閱讀此書的樂趣

梅安德
(文藻外語大學，高雄，台灣)

註:每篇文章都附有德文與中文摘要。

Ein Vertrag mit Gott
Comics sind nicht nur komisch, sondern haben eine breite Palette an Themen zu bieten – auch mit religiös-rituell relevanten Inhalten

Den Vertrag mit Gott schließt der Jude Frimme Hersh. Er will Gutes tun und erwartet dafür den „gerechten Gott". Doch als Frimmes geliebte Tochter in der Blüte ihres Lebens stirbt, verliert er seinen Gerechtigkeitsglauben. Sein Leben nimmt eine einschneidende Wende. Diese nachdenkliche wie amüsante, 59-seitige Geschichte stammt von der amerikanischen Comiclegende Will Eisner (1917-2005).
Will Eisner haderte schon früh mit dem Begriff „Comic". „Ich nenne Comics sequentielle Kunst, weil diese Bezeichnung diese Ausdrucksform genauer und vollständiger umschreibt als der Begriff Comic. Comic kommt von komisch und trifft auf meine Bücher beim besten Willen nicht zu."

Der 1929 in den USA erstmalig für „Witzbilder" und „Strips" geprägte Begriff Comic hat sich leider in unserer, von vielen Amerikanismen durchdrungenen Sprache seit ´45 gehalten. Er hat sicherlich seinen Anteil an der starken Stigmatisierung des Mediums. Hier ist die Umschreibung für viele noch Synonym für Trivialität, Legasthenie, minderwertigen Schund. Nur wenigen ist klar, dass sich die „Graphic Novel" (auch eine Wortschöpfung von Eisner) in den vergangenen 100 Jahren zu einem Medium mit einem hohen Anteil an dramaturgisch anspruchsvollen, künstlerisch hochwertigen, oft mehrere 100 Seiten umfassenden Bildgeschichten gemausert hat. In anderen Ländern entwickelte das Medium eine eigene „kulturelle Identität", was sich wiederum in der anderen Begriffsfindung wie „Bandes Dessinée" (gezeichnete Streifen, Frankreich/Belgien), „Fumettos" (Sprechblasen, Italien) und „Mangas" (viele Bilder, Japan) ausdrückt. Obwohl unter fehlender Akzeptanz und kleinen Auflagen leidend verfügt der deutsche Markt mittlerweile über eine große Auswahl anspruchsvoller Titel, die allerdings im Wesentlichen aus dem europäischen Ausland (Frankreich, Belgien, Italien), den USA und Japan stammen.

Bei uns bemühen sich zwar Initiativen wie der Interessenverband Comic (ICOM), die zweijährig stattfindende Fachmesse „Comicsalon Erlangen", oder die „Gesellschaft für Comicforschung", dem bereits 1971 in Frankreich zur „neunten Kunst" ernannten Graphic Novel mehr Profil zu verleihen, aber gegen die von den Medien zu Unrecht überbewerteten Genres wie Literatur und Musik ist nicht anzukommen. Kein anderes Genre birgt durch die Vielzahl der abzurufenden Fähigkeiten (narrativ, bildnerisch, grafisch) ein derartiges gestalterisches Potential. Dem bereitwilligen Leser und Betrachter bietet sich so ein einzigartiger und besonders nachhaltiger Genuss.
Dem reichhaltigen Fundus an religiös-kultischen Inhalten begegnen die Kunstschaffenden, je nach Interessenlage, u. a. mit Ausdrucksmitteln wie Satire, Abenteuer, Geschichtsdoku, Parodie, Fiktion und Ähnlichem. So bietet sich dem geneigten Leser und Betrachter ein reichhaltiges Angebot (ca. 60 Bände) zum Thema. Im Folgenden eine nicht repräsentative Auswahl:

David Elliot Hanneth Salomon, genannt „Soda", ist Kommissar in New York. Sein Alltag bedeutet Großstadtdschungel, Unterwelt. Soda ist Junggeselle und hat seine herzkranke Mutter zu sich aufgenommen. Um seine Mutter zu schonen, hat Soda im 23. Stockwerk eines Mietshauses in der „City" die heile Welt des „Pastors Salomon" geschaffen. Der Aufzug ist der Ort für den physischen wie psychischen „Identitätswechsel". Dass dieser Wechsel nicht immer gelingen kann, verleiht den von den Belgiern Tome (Text) und Gazotti (Zeichnungen) kreierten bisher erschienenen 12 Episoden (à 46 Seiten) eine amüsant-parodistische Note.

Ganz anders angelegt ist die sechsbändige (à 46 Seiten) Fortsetzungsserie „Der weiße Lama". In dem zeitgeschichtlichen Rahmen der britischen Präsenz (Beg. 20. Jh.) bis zur chinesischen Invasion zu Beginn der 50er Jahre wird die Entwicklung des gebürtigen Briten

Gabriel Marpa zum „weißen Lama" geschildert. In einer fesselnden Handlung und dank der brillanten Bildsequenzen des US-Amerikaners Georges Bess beschreibt der chilenische Schriftsteller Alejandro Jodorowsky eine von kolonialen und weltlichen Machtinteressen zerrissene Szenerie und den von verschiedenen Ursprungsreligionen geprägten tibetischen Buddhismus.

Sehr eng vertraut mit dem tibetischen Buddhismus und mit authentischen Zügen ausgestattet ist die Kunstfigur „Jonathan". Der Schweizer Autor und Zeichner „Cosey" erzählt in den innerhalb der letzten 20 Jahre entstandenen 12 Episoden (à 48 Seiten) von den bewegend-melancholisch angehauchten Erlebnissen des Reisenden und Kosmopoliten „Jonathan".

Ein anderer Schweizer mit dem Pseudonym „Derib" hat sich intensiv mit dem nordamerikanischen Indigenenstamm der „Sioux" und deren Schamanismus befasst. Die 3 Bände und ca. 160 Seiten umfassende Geschichte gibt mittels der Entwicklung des kleinen „Gewitterregen" zum Schamanen Einblick in Rituale und Bräuche des Stammes. Die besondere Seitengrafik Deribs unterstreicht die mystischen Elemente dieser „Naturreligion".

Jetzt wird´s blasphemisch – und das gleich im „Doppelpack". 1929 – der füllig-untersetzte Missionar Odilion Verjus lebt bereits seit 21 Jahren auf der Insel Neuguinea mit dem Naturvolk der „Papuas" zusammen. Dabei scheinen ihm einige seiner christlichen Ideale abhanden gekommen zu sein. Dies erfährt besonders der vom „Auftrag der Kirche" noch stark beseelte junge Patres Laurent, der ihn ablösen soll. Eine von Pointen und Anspielungen gespickte 48-seitige Parodie auf christlichen Missionseifer. Gestaltet von den Franzosen Yann (Szenario) und Verron (Bildgestaltung).

Noch etwas heftiger kratzt der französische Altmeister der Satire Jean-Marie Ballester (Maester) am „moralischen Lack" christlicher Werte. Seine Protagonistin, die Ordensschwester Maria-Theresa, kräftig, korpulent, eher männlich anmutend, ist mit einem dicklichen Typen namens „Jesus" liiert. Sie trinkt, kifft, greift gerne zu „schlagenden Argumenten" und schaut gelegentlich hinter die enthaltsam-kontemplative Fassade ihrer Mitschwestern. Für Leute, denen gerne das Lachen im Halse stecken bleibt. In Deutschland erschienen 4 Sammelbände (Kurzgeschichten) à 48 Seiten.

Nicht unerwähnt bleiben darf die Serie „Zehn Gebote" des Franzosen Frank Giroud. Er kreierte (mit div. Zeichnern) 10 beeindruckende Episoden à 55 Seiten, die sich, in verschiedenen Epochen angelegt, auf unterschiedliche Weise mit dem Roman „Nahik", der die 10 Gebote des Propheten Mohammed zur Grundlage hat, befassen. Ob die jüdische Ethnologin, die die geheimnisvollen Riten eines paraguayischen Urwaldstammes dokumentiert, der Detective von Scotland Yard, der den Mord an einem Kardinal im Vatikan aufklären soll, oder die Kleinserie, die das von Laster, Korruption und Mord geprägte Pontifikat der Familie „Borgia" im ausgehenden Mittelalter eindrücklich aufbereitet, die „Graphic Novel" greift in faszinierender Weise die unterschiedlichsten Aspekte eines Themenkomplexes auf. Man muss es wirklich als Mangel sehen, dass diesem „kulturellen Aschenputtel" bei uns immer noch die längst fällige Reputation versagt bleibt.

Sie können sich dem Medium aus rein ästhetischen Erwägungen, aber auch mit didaktischen Absichten nähern. Die „Graphic Novel" lässt sich ideal im Unterricht, in der Gruppenstunde als attraktive Variante für relevante Themen verwenden. Mehr Info und Ausleihmöglichkeiten beim Autor. Weitere Möglichkeit zur Ansicht bieten die mittlerweile meist gut bestückten Stadtbüchereien.

Gerhard Mauch

Arbeit mit Comics

Das Projekt „Arbeit mit Comics" soll allen, die v. a. Jugendlichen ihre Inhalte u. a. mit den Medien Comics, Comicstrips, Karikaturen vermitteln wollen, Hilfen an die Hand geben. Es bietet mit thematischen Comicsammlungen zu Themen wie „Nord–Süd", „Menschenrechte" eine Vielzahl anspruchsvoller Comics (Bildgeschichten). Vermittelt werden auch die verschiedenen Einsatzmöglichkeiten der erwähnten Medien. Im „Angebot" befindet sich ebenso ein Zeichenkurs, der mit „der Zielgruppe" u. a. eigene Comicstrips erarbeitet.
Mehr Info von Gerhard Mauch, 0741-1757903, gischbl06@yahoo.de
www.weltladen-rottweil.de

Zu diesem Aufsatz:

Bildgeschichten und „Graphic Novels" befassen sich neben anderen Inhalten mit Religion. In diesem Artikel werden verschiedene Bücher vorgestellt, die sich mit diesem Thema auseinandersetzen und dies auf zeichnerisch und erzählerisch anspruchsvolle Weise tun. Unter anderem geht es um Werke von Tome und Gazotti (Belgien), Georges Bess (USA), Cosey (Schweiz) und Derib (ebenfalls Schweiz). Kritische Blicke auf Religion gibt es von den französischen Künstlern Jean-Marie Ballester, Frank Giroud sowie Yann und Verron.

繪本故事和圖文小說的題材涉及甚廣，宗教信仰也是其一。這篇文章介紹數本以純熟繪畫及敘事手法討論宗教的書籍，其中有比利時的托姆和賈佐帝、美國的喬治・貝斯、瑞士的寇賽及德理布等人之作品；還有尚-馬利・巴葉斯特、法蘭克・季若 以及楊恩和威榮等法國藝術家，則是用批評的眼光探討宗教信仰。

Rezension einer „Graphic Novel"
(bei uns fälschlicherweise „Comic" genannt)

„DAS KOMPLOTT – die wahre Geschichte der
Protokolle der Weisen von Zion" von Will Eisner

Der legendäre jüdisch-amerikanische Zeichner Will Eisner, leider im Januar 2005 verstorben, legte als letztes Werk die Graphic Novel (Comic) „Das Komplott" vor. In dem 147 Seiten umfassenden Band dokumentiert er, dank intensiver Recherche, dass es sich bei den sogenannten „Protokollen der Weisen von Zion" um gefälschte Papiere handelt, mit denen bis heute „die jüdische Weltverschwörung" bewiesen werden soll. Diese Protokolle finden seit über 100 Jahren auf der ganzen Welt als „echte Dokumente" Verbreitung und tragen ihren Teil zur Beförderung des Antisemitismus bei.

Die Protokolle entstanden in Russland. Im November 1999 berichteten Washington Times und das französische Wochenmagazin L´Express, Untersuchungen des bekannten russischen Historikers Michail Lepechin hätten Beweise erbracht, dass die Protokolle der Weisen von Zion tatsächlich 1898 von einem gewissen, damals in Frankreich lebenden Matwej Golowinski geschrieben worden waren. Nachdem Lepechin fünf Jahre lang die vormals unzugänglichen Archive Russlands gesichtet hatte, stieß er auf Belege für die Entstehung der Protokolle. Er veröffentlichte seine Ergebnisse in L´Express und schien damit die Frage nach dem Verfasser der Protokolle ein für allemal geklärt zu haben. Er untermauerte die Theorie, die der deutsche Schriftsteller Konrad Heiden bereits im Jahr 1944 aufgestellt hatte, dass Golowinski der Fälscher gewesen sei. L´Express zufolge fand Lepechin Beweise in den Akten von Henri Bint, einem Agenten der russischen Polizei, der 37 Jahre in Paris tätig gewesen war.

Trotz der klärenden Enthüllungen zogen die Protokolle weiter ihre Kreise und gewannen an Glaubwürdigkeit. Sie werden im gesamten arabischen Teil der Welt verlegt, wie auch in vielen europäischen und asiatischen Ländern. Im Juni 2003 beispielsweise verteilten Angehörige der damaligen malaysischen Regierungspartei in Kuala Lumpur kostenlos Exemplare des Buches. Eisner entdeckte die Protokolle auch im Internet. Der Text war von Radio Islam ins Netz gestellt worden und war auf Französisch, Deutsch, Schwedisch, Portugiesisch, Russisch, Spanisch und Italienisch erhältlich. In einer kleinen Sequenz verweist Eisner auch darauf, dass die Schrift bereits ab 1923 von den Nazis für ihre antisemitische Propaganda funktionalisiert wurde.

Eisner dokumentiert sehr ausführlich, auch angesichts des latent vorhandenen Antisemitismus in Europa und vor allem in Russland, die Entstehungsgeschichte der Protokolle. Er geht zurück bis in das Jahr 1864, als der französische Schriftsteller Maurice Joly das Buch „Gespräche in der Unterwelt zwischen Machiavelli und Montesquieu“ verfasste. Eine Abhandlung darüber, wie man Macht erlangt. Diese diente Golowinski u. a. als Vorlage für die Protokolle. Eisner macht deutlich, dass die Schriften gezielt entstanden sind und in Umlauf gebracht wurden.

Handwerklich beeindruckt der Zeichner in dieser „Graphic Novel“ mit seinem in s/w gehaltenen ureigensten Stil. Beeindruckend verbindet er kontrastreiche Schattengebung mit dezenter Aquarellierung. Auch die Seitengestaltung (Art und Anordnung der Einzelbilder/Panels) ist ungewöhnlich und variantenreich. Es wird grafisch selten eintönig. Für „NeuleserInnen“ ist die Abfolge der Bilder sicher nicht immer auf einen Blick zu erfassen (so wie man es vielleicht von Comics gewöhnt ist). Deshalb sollte man sich Zeit nehmen und Inhalt, Bilder und Grafik auf sich wirken lassen.

Das Komplott – Die wahre Geschichte der Protokolle der Weisen von Zion
Mit Vorworten von Umberto Eco und Will Eisner
Ca. 147 Seiten, Preis: Euro 19,90, DVA (Deutsche Verlags-Anstalt) München 2005
ISBN 3-421-05893-8, erhältlich in jeder Buchhandlung oder im Fachbuchhandel (sog. Comicbuchläden) und Comicversandhandel (Adressen beim Verfasser erhältlich).

Gerhard Mauch, 0741-1757903, e-mail: gischbl06@yahoo.de, www.fechenbach.de/ws/mauch.htm

Zu diesem Aufsatz:
In der handwerklich beeindruckenden Graphic Novel „Das Komplott – Die wahre Geschichte der Protokolle der Weisen von Zion" beschäftigt sich der legendäre jüdisch-amerikanische Zeichner Will Eisner mit diesen angeblich echten Protokollen, mit denen bis heute „die jüdische Weltverschwörung" bewiesen werden soll. Er zeigt, dass es sich in Wahrheit um eine russische Propaganda-Erfindung handelt. Trotzdem werden diese falschen „Protokolle" weiter international verbreitet und tragen ihren Teil zur Beförderung des Antisemitismus bei.

猶太裔美國籍插畫家威爾·艾斯納是名傳奇人物，其圖文小說《密謀 －錫安長老會紀要的真相》之繪圖技法令人讚嘆，故事取材自所謂的「錫安長老會紀要」真跡，此捏造的「紀要真跡」至今仍是猶太人密謀統治世界的證明。作者指出，這其實是俄國的政治宣傳，雖然如此，這些杜撰的『紀要』仍然散播到全世界，助長反猶太主義。

Leben? Oder Theater? Oder Hölle?
– „Etwas ganz Verrückt-Besonderes"

Bei diesem Werk, das streng genommen kein klassischer Comic ist, handelt es sich um ein autobiografisches Gesamtkunstwerk. Die Autorin Charlotte Salomon wurde 1917 in Berlin geboren. Sie war neun Jahre alt, als ihre Mutter starb. Ihr Vater, ein Chirurg, heiratete 1930 die Konzertsängerin Paula Lindberg. 1937 brach Charlotte Salomon ihr Studium ab, als sie einen ersten Preis aufgrund ihres jüdischen Glaubens nicht erhielt. Sie reiste 1939 zu den Großeltern in Villefranche-sur-Mer, ein Jahr später zog die Familie nach Nizza. Kurz nach ihrer Eheschließung mit A. Nagel im Juni 1943 wurde Charlotte Salomon festgenommen und im darauffolgenden Oktober in Auschwitz mit erst 26 Jahren und im fünften Monat schwanger ermordet.

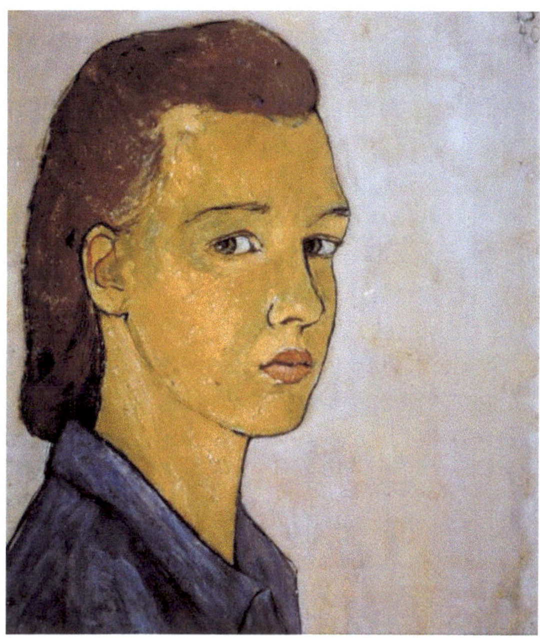

Charlotte Salomon, Selbstbildnis, 1940
mit freundlicher Genehmigung vom Jüdischen
Historischen Museum, gemeinfrei

Das zeitlose Meisterwerk „Leben? Oder Theater? Singespiel" wurde 1940 bis 1942 innerhalb von nur 18 Monaten in einer kleinen Pensionskammer in Südfrankreich geschaffen. Es bildet eine tragische Familiensaga auf anmutige Weise ab. Diese hat Charlotte Salomon singend bzw. summend gestaltet. Sie „fand heraus, dass sie eine herrliche Befähigung für den Gesang in ihrer Kehle trage". Malerische Einflüsse von vorher für die Wiedergabe dieser Erinnerungen sind unklar. Charlotte Salomon war während der Produktion komplett isoliert und fern von ihren kulturellen Wurzeln. Wie viele Künstler*innen der Zeit war sie gehetzt und verängstigt. Sie verglich sich mit Vincent van Gogh: Das Malen habe „sehr viel mit dem Pathologischen zu tun". Im Epilog bezeichnete Charlotte Salomon das Malen als Überlebenstherapie. Ihr Denken über ihr Elend sowie der Grundton ihrer Bilder blieben ohne Vorwurf, Klage, Anklage, Selbstmitleid oder Hass. Es gab zu dieser Zeit keine Vorbilder für diese Art von Erinnerungsarbeit.

Das Meisterwerk besteht aus 1.325 Gouachen[1] und Transparentblättern (32,5 x 25 cm, etwas größer als DIN A4). Der Text steht bis zum sechsten Blatt im Hauptteil auf dem Transparent, ab da auf den Gouachen. Charlotte Salomon schrieb auf Deutsch, nur der Anfang des Nachwortes ist auf Französisch abgefasst. Knapp 800 von ihren Zeichnungen wurden von Charlotte Salomon ausgewählt und durchnummeriert. Wir finden einen sehr eigenen Expressionismus vor uns. Er drückt sich in einer fantasievollen Collage aus Bildern in den Farben Rot, Blau und Gelb mit Texten und Musik aus. Die Musik reicht nur bis in den Hauptteil hinein, mit oft wiederkehrenden Melodien von Bizet, Mozart, Schlagern und anderem. Wort und Bild stehen gleichwertig nebeneinander. Die Wörter sind normal und kursiv ausgeführt. Zwischen einem und acht Panels sind pro Blatt direkt aneinander gemalt, häufig ineinander übergehend. Das Werk

---

[1] Gouache (ital. guazzo ‚Lache') = wasserlösliches Farbmittel. Besteht aus gröber vermahlenen Pigmenten unter Zusatz von Kreide. Bindemittel: Gummi Arabicum. Vereint Vorzüge der Aquarellfarbe (lasierend) und die der Ölfarbe (pastos), vorwiegend für Untergründe wie Papier oder Karton, aber auch auf Leinwand und anderen textilen Untergründen verwendet (Wikipedia, 29. Januar 2018, gekürzt H.O.)

wirkt bunt und vielfältig. Es finden sich Tempowechsel und eine gute Farbgebung für Stimmungen. Die Darstellung wirkt gespannt zwischen detaillierter und schematischer Weise. Fortlaufende Szenen in Einzelbildern mit unterschiedlicher Textlänge, die von einem Satz bis zu ganzen Absätzen reicht, sorgen für abwechslungsreiche Lebendigkeit. So ist zum Beispiel die Schrift wie eine besondere Ausstrahlung um die Köpfe herum drapiert oder sie hängt wie Nebelschwaden im Raum oder sie ist sperrig zwischen Personen angeordnet.

Salomon erfand musische Pseudonyme für die Protagonist*innen. Sie selbst ist „Charlotte Kann", ihre Stiefmutter wird – als Mezzosopran-Sängerin im echten Leben – zu „Bimbam". Die Mittel zur Darstellung psychischer Extremsituationen sind außerordentlich ausdrucksstark: Es finden sich kaleidoskopartig zugeschüttete Räume, stürzende Linien und verschobene Bildachsen und die illusionsperspektivische Konstruktion wird bewusst verletzt. Hier werden Charlotte Salomons Verlassenheit und Verunsicherung sehr deutlich. Die spezifischen Farbkombinationen sorgen für Distanz zwischen ihr als Subjekt und ihr als Künstlerin.

Der Aufbau des Gesamtwerkes gliedert sich in drei Teile. Das Vorspiel umfasst den Zeitraum von 1917 bis 1937. Darin stellt Charlotte Salomon ihre Jugend in einem jüdisch-bürgerlichen, liberalen und bildungsbetonten Haushalt dar. Dieser Teil schließt mit der Aufnahme an der Kunstakademie ab.

Der Hauptteil umfasst die Zeitspanne von 1937 bis 1939. Darin wird die Liebe zu Amadeus Daberlohn gezeigt, der ein eigenes Buch über Kriegsverletzungen verfasst hatte. Er wurde wegen solcher von einem Nervenarzt in Italien behandelt. Als Stilmittel wählte Charlotte Salomon hier rote Wörter, mit einzelnen blauen Buchstaben bzw. Wörtern dazwischen. Sie spricht von zwei Seelen in seiner Brust. Außerdem findet sich hier einiges an Theorie, was etwas anstrengend zu lesen ist. Die Quintessenz ist, dass Freiheit mit Singen gleichbedeutend sei.

Im Nachwort, welches einen unklaren Zeitraum ab 1939 umfasst, wird die Zeit in Villefranche-sur-Mer und Nizza dargestellt. Zu dieser

Zeit erst habe sie von dem Familiengeheimnis – Selbstmorde in der mütterlichen Linie – erfahren. Den Abschluss bilden reine Textseiten.

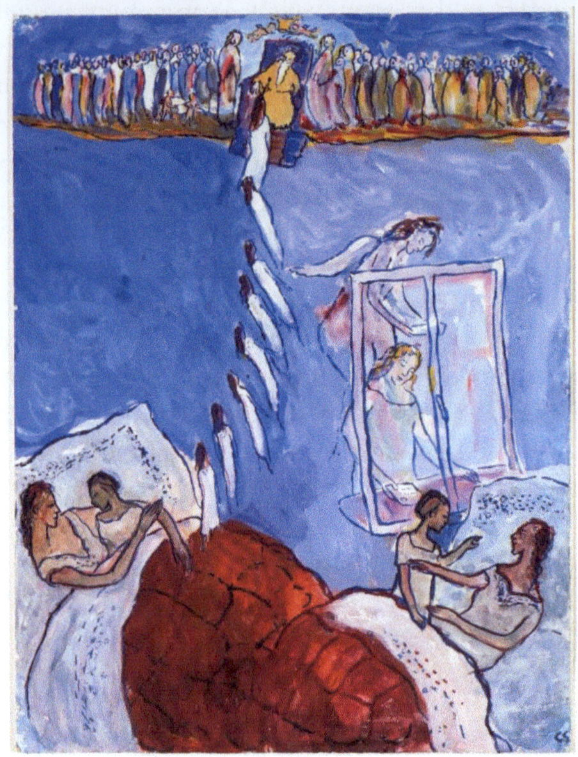

Szene 1 des Singspiels von Charlotte Salomon
mit freundlicher Genehmigung vom Jüdischen
Historischen Museum, gemeinfrei

Charlotte Salomons jüdisch-liberale Eltern überlebten den Zweiten Weltkrieg in Holland. Im Jahre 1947 wurde das bildnerische Gesamtkunstwerk von der amerikanischen Kunstförderin Ottilie Moore an Charlotte Salomons Papa und die Stiefmutter übergeben. Wolfsohn, der im Werk Daberlohn genannt wird, erfuhr erst ein Jahr vor seinem Tod davon, wie wichtig er für Charlotte Salomon in Berlin gewesen war.

Wer weiß, welch große Zukunft diese junge Frau in einer anderen Zeit gehabt hätte? Da es seit 1961 laufend Ausstellungen sowie in jüngster Zeit zunehmend musikalische Verarbeitungen des Werkes gibt, wird es heute etwas mehr wahrgenommen. Das komplette Meisterwerk kann auf der Website des Jüdischen Historischen Museums Amsterdam durchgeblättert werden. Ein Stolperstein erinnert seit 2012 vor dem ehemaligen Wohnhaus in Berlin-Charlottenburg an die Malerin Charlotte Salomon.

Heike Oldenburg, Februar 2016

Charlotte Salomon, Leben oder Theater? Ein autobiographisches Singspiel in 769 Bildern. Mit einer Einleitung von Judith Herzberg. Kiepenheuer und Witsch, Köln 1981

Quellen:
www.fembio.org/biographie.php/frau/biographie/charlotte-salomon
https://de.wikipedia.org/wiki/Leben%3F_Oder_Theater%3F
https://de.wikipedia.org/wiki/Charlotte_Salomon
https://commons.wikimedia.org/w/index.php?search=charlotte+salomon+leben+oder+theater&title=Special:Search&go=Go&searchToken=cgdbbru2dek0m35toqvgduc23

Zu diesem Aufsatz:
Charlotte Salomon, eine Jüdin, wird als Künstlerin nicht anerkannt. Sie erkennt die Gefahr und flieht 1939 nach Südfrankreich. Dort verarbeitet sie ihre Erfahrungen künstlerisch-beeindruckend in 1.325 Bildern. Jahrzehnte nach ihrer Ermordung durch die Nazis publizieren ihre im holländischen Exil überlebenden Eltern ihr Werk.
夏洛特・索羅門是猶太人，沒有人視她為藝術家。她意識到情勢不對，於 1939 年逃往法國南部。在那裡，她把自身的經歷以讓人震撼的藝術手法呈現於 1,325 幅畫作中。這些作品在她被納粹殺害數十年後，由她流亡到荷蘭得以倖存的父母公諸於世。

Miné Okubo, „Citizen 13660" – eine Bürgerin zweiter Klasse

Die englische Graphic Novel „Citizen 13660" ist ein Report mit 189 Zeichnungen über die Zeit vom September 1939 bis Januar 1944. Miné Okubo war mit ihrer Familie von 1942 bis 1944 in Umsiedlungslagern. Der Report ist autobiografisch. 13660 war ihre Familiennummer. Sprüche wie „We don´t want Japs.", „A Jap is a Jap.", „Don`t trust a Jap."[1] sind darin zu finden. Miné Okubo zeichnet sich immer selbst mit im Bild, mittendrin in der Dokumentation, beobachtend, zeichnend, z. T. lehrend. Sie trägt fast immer dasselbe Hemd mit Blütenandeutungen und schwarzes geschwungenes Haar. Kameras waren nicht erlaubt, daher gibt es diese Zeichnungen. In dem Buch nimmt je eine die obere Bildhälfte ein, der erläuternde Text darunter ist ebenfalls von Miné Okubo. Die ungefähr 2000 Bilder waren für Ausstellungszwecke gedacht. Sie zeigen den Alltag. Ihr Stil ist rudimentär, aber detailliert. Tränen sind selten zu sehen. Wenn ja, fliegen sie immer komisch nach seitlich weg. Hände sind oft wie rohe Pranken dargestellt. Die Gesichter wirken zu 100% ernst-leidend.

Es handelt sich um ein einzigartiges Dokument der Demütigung von amerikanischen Japaner*innen als Menschen zweiter Klasse in Lagern in den USA. Als „Yellow Peril" (Gelbe Gefahr) hochstilisiert, wurde sie zusammen mit dem Bruder Toku mit weiteren über 110.000 Japaner*innen, zwei Drittel davon amerikanische Staatsbürger*innen, interniert. „Wir klebten unsere Familiennummer 13660 auf den Koffer und steckten uns die Plakette an." Japaner*innen wurden als „Issei" (Einwanderer, meist nach Kalifornien), „Nisei" (2. Generation) und „Sansei" (3. Generation) kategorisiert. Es ging in diesen Lagern, die nach dem japanischen Angriff auf Pearl Harbour (7./8. Dez. 1941) im Zweiten Weltkrieg entstanden, um Verwahrung, nicht um Vernichtung.

---

[1] „Wir wollen keine Japaner", „Ein Japaner bleibt ein Japaner.", „Traue nie einem Japaner." (übersetzt H.O.)

Die 1912 in Riverside, Kalifornien, als „Nisei" geborene Künstlerin war vor dieser Lagererfahrung in den Jahren 1938-40 in Frankreich und Italien mit einem Stipendium gereist. Sie hatte von 1939-42 mehrere Wandgemälde, Mosaike und Fresken angefertigt. Miné Okubo scheint als Persönlichkeit relativ gefestigt gewesen zu sein.

Miné Okubo hat in zwei der zehn vorhandenen Camps gelebt, im Tanforan Assembly Center, der zeitweise umfunktionierten Tanforan Park-Pferderennbahn in Nord-Kalifornien, und im Zentralen Umsiedlungslager Topaz, Nord-Utah. Topaz lag mitten in der Wüste. In beiden Lagern war es eng, laut und es gab keine Privatsphäre. Mensch musste sehr häufig und lange Schlange stehen. Es gab Selbstversorgungswirtschaft (Gemüse, Schweine). Kirchen-Säle waren gebaut worden. Eine Art Blockwart gab es ebenfalls. Die Ausgangssperre galt von 6.45 Uhr abends bis 6.45 Uhr morgens. Besucher*innen waren erlaubt. Es wurden sogar eine Art Parkanlage gebaut sowie Sumo-Kämpfe organisiert. Im Januar 1943 wurden alle Japaner ab dem 17. Lebensjahr erfasst, da eine japanisch-amerikanische Kampfeinheit aufgestellt werden sollte. Die Frage 28 des Fragebogens war besonders fies. Sie zwang diesen verwahrten Männern ein Sich-Zerreißen auf: „Schwören Sie uneingeschränkte Treue gegenüber den United States of America und schwören Sie jeder Treue oder Gehorsam gegenüber dem japanischen Kaiser oder jeder anderen fremden Macht oder Organisation gegenüber ab?" 105 Männer wurden am Ende genommen.

Die Internierten *mussten* nicht arbeiten, *konnten* aber. Miné Okubo hat Kinder in Kunst unterrichtet. Sie arbeitete bei der Topaz *Times*. Beim Ankommen hatten die Internierten darin die Bezeichnung „Topaz, the Jewel of the Desert" gelesen, was sie zum leise Lachen brachte. Aufgrund einer eingereichten Zeichnung bei einem Wettbewerb wurde Miné Okubo im April 1944 von Fortune Magazine, einem Wirtschaftsmagazin, nach New York eingeladen, um etwas über Japan zu illustrieren. Daraufhin ist sie dort geblieben. Auf dem Foto von 1945 bei Wikipedia sieht sie jung, hübsch und unverletzt wie jede junge Frau aus – nicht traumatisiert. Es könnte auch ein Hinweis sein, dass das Zeichnen heilend-therapeutische

Wirkung hatte. Ab 1946 arbeitete sie im Comic-Business und war als freiberufliche Illustratorin und Malerin tätig. Ihr Hauptwerk, „Citizen 13660", wurde ein asiatisch-amerikanischer Klassiker und USA-weit in der Lehre zu den Themen „Künstlerinnen", „Künstler im Krieg" und „ethnische Künstler*innen" verwendet. Dadurch wurde Miné Okubo sehr bekannt. Sie erhielt mehrere Preise, darunter den American Book Award im Jahre 1984.

In dem von ihr 1983 geschriebenen Vorwort klang Miné Okubo nicht bitter. Diese Publikation diene zur Warnung, denn etwas Ähnliches könne wieder passieren.

Im Jahre 2001 starb Miné Okubo mit 88 Jahren in New York. Sie hatte weder geheiratet noch Kinder. Fünf Jahre darauf ehrte das Riverside Community College seine ehemalige Studentin, indem eine Straße auf dem Campus in Miné Okubo Avenue umbenannt wurde. Die Sammlung von Okubos persönlichen Schriften, Sketchen und Gemälden kann im Center für Soziale Gerechtigkeit und Zivilfreiheiten in Riverside, Kalifornien, angesehen werden.

In „1001 Comics" wird die Frage, ob es sich bei dieser Bildgeschichte um einen „echten" Comic handele, angesichts der „Eindrücklichkeit dieser Bildgeschichte" nicht aufgeworfen. Eine deutsche Übersetzung dieses amerikanischen Klassikers steht noch aus.

Heike Oldenburg, Januar 2018

Quellen:
Andreas Knigge, 1001 Comics (dt. übersetzt nach P. Gravett), Zürich 2012
Miné Okubo, Citizen 13660, New York / Columbia University Press 1946 / University of Washington Press Reprint 1983, 2001[6]
https://en.wikipedia.org/wiki/Min%C3%A9_Okubo

Zu diesem Aufsatz:

Nach dem Angriff der Japaner auf Pearl Harbor im Zweiten Weltkrieg wurden Japaner*innen in den USA als potenzielle Gefahr in
Lager geschickt. Die später berühmte Zeichnerin Okubo schafft es
1944, das Lager verlassen zu können. Bereits 1946 publiziert sie das
Buch „Citizen 13660", in dem sie ihre Lagererfahrungen zeichnerisch
verarbeitet.

二次世界大戰時，日本襲擊珍珠港後，生活在美國的日本人被視
為潛在威脅而送往勞改營。日後成為知名畫家的大久保得以在
1944 年離開該地，1946 她年便出版了《Citizen 13660》一書，將
自己在勞改營的經歷透過繪畫呈現其中。

Afrikaner*innen in Gold –
Thema „MADGERMANES" von deutscher Zeichnerin aufgegriffen

Das Gras wächst nicht schneller,
wenn man daran zieht.
(Afrikanisches Sprichwort)

Beim 10. Comicfestival Hamburg haben wir am 1. Oktober 2016 unsere erste Comiclesung erleben dürfen. Die Autorin und Zeichnerin Birgit Weyhe stellte ihre neue Graphic Novel „MADGERMANES" vor. Mit diesem Begriff bezeichnen sich die 15.000 Mosambikaner*innen, die von 1979 bis 1990 in der DDR als Vertragsarbeiter*innen gearbeitet haben. Es bedeutet „Die zurückgekommen sind aus Deutschland".

Birgit Weyhe, 1969 in München geboren, verbrachte ihre Kindheit und Jugend in Uganda und Kenia, Ostafrika. 1997 erhielt sie ihren M.A. Geschichte und Literatur, 2009 schloss sie ihr Zusatzstudium Illustration, Schwerpunkt autobiografisches Erzählen, in Hamburg ab. Dort lebt und arbeitet sie heute. Sie gibt Workshops im Ausland, stellt international aus und hat mehrere Preise für ihre Werke erhalten. In einer Art Vorwort malt Weyhe den starken Bezug zu dem Kontinent auf und wie sie in Kontakt mit dem Thema gekommen ist.

In MADGERMANES erzählt Weyhe Lebenswege von schwarzen Menschen in Deutschland. Aus zehn Interviews mit Mosambikaner*innen filterte sie drei fiktiv zusammengestellte Lebensgeschichten heraus. Sie verbindet dabei zeichnerisch „den europäischen Comicavantgarde-Stil mit afrikanischer Formensprache" und produziert „große Erzähl- und bei aller scheinbaren Schlichtheit der Linienführung auch große Bildkunst."[1] Ein mir besonders schön erscheinender bildlicher Eindruck: Als Toni erzählt: „Mein großes Problem war die Schüchternheit.", unterlegt Weyhe dieses sprachliche Bild mit einer quer über zwei Panels nach leicht oben rechts ziehenden

---

[1] http://blogs.faz.net/comic/2009/06/17/frauen-am-zeichentisch-der-mami-verlag-und-sein-grosses-talent-birgit-weyhe-82/, Zugriff am 11.11.2016

Schnecke. Oder: Als Basilio Anabella beschreibt, die ihm am Ende viel dabei geholfen hatte, nach Mosambik[2] zurückzukehren: „Sie hat gekämpft wie ein Löwe.", ist ganzbildlich ein ganz weiblich in sich hinein lächelnder Löwe gezeichnet, unter Blätterlaub geschützt.

Diese Mischung von Motiven in „assoziative[m] Verfahren" als „ihr wichtigstes erzählerisches Prinzip" erleichtert es der* Leser*in, das schwierige Thema gut auszuhalten. Die Graphic Novel ist darüber hinaus Schwarz-Weiß plus Gold gedruckt („Duotone"). Dieses Gold ist ebenfalls für die Hautfarbe der Mosambikaner*innen verwendet – ein wirklich außerordentlich gut gelungener Kunstgriff zur klaren Aufwertung der Schwarzen.

Es geht in der Graphic Novel um Bürgerkrieg und Ausnutzung der Mosambikaner*innen als Hilfsarbeiter*innen in der DDR und um Betrug – die missbräuchliche Verwendung der überwiesenen Lohngelder. Mosambik – bewaffnete Kämpfe gegen Portugal hatte es seit 1964 gegeben – hat sich am 25. Juni 1975 in Zusammenhang mit der Nelkenrevolution in Portugal vom Status einer Kolonie befreien können. Der nun überwundene „Rassismus unter den Portugiesen sei riesig gewesen!"[3] Ab 1976 gab es die sozialistische FRELIMO (deutsch: Mosambikanische Befreiungsfront, Regierungspartei Mosambiks). Diese und die 1977 in Rhodesien gegründete RENAMO (deutsch: Nationaler Widerstand Mosambiks, konservative Partei) bekämpften sich. Der Bürgerkrieg bestimmte von 1977 bis 1992 den mosambikanischen Alltag. „Bürgerkriege sind charakterisiert durch politische Anwendungen von Gewalt."[4] Es handelt sich um einen bewaffneten „Konflikt auf dem Territorium eines Staates zwischen verschiedenen Gruppen. […] Einmischungen in Bürgerkriege vom Ausland aus sind häufig. […] Auch Auseinandersetzungen zwischen den Streitkräften einer Staatsregierung und einer oder mehreren

---

[2] Von den Portugiesen nach der vorgelagerten Insel genannt, nach dem arabischen Händler Musa Al Big or Mossa Al Bique, der zuerst die Insel betrat und später dort lebte. Siehe https://de.wikipedia.org/wiki/Mosambik#Geschichte

[3] Unmarkierte Zitate sind aus dem Buch MADGERMANES entnommen oder stammen aus Äußerungen von der Comiclesung in Hamburg am 4.10.2016.

[4] https://de.wikipedia.org/wiki/B%C3%BCrgerkrieg, 11.11.2016

organisierten Gruppen von Aufständischen [...] werden als Bürgerkrieg bezeichnet."[5] Der mosambikanische Bürgerkrieg „kostete durch Kämpfe und Hungerkatastrophen bis zu 900.000 Menschenleben. Über fünf Millionen Zivilisten wurden vertrieben"[6]. Diese waren an den Grenzen zu Mosambik schlecht versorgt.

Bei einem Bürgerkrieg verliert mensch jedes Vertrauen in das nächste Gegenüber. Bei zwei der Protagonist*innen in Weyhes Graphic Novel wurden die Familien durch den Bürgerkrieg zerstört. In einer Familie wurden zwei männliche Familienmitglieder entführt, da sie angeblich Spione der RENAMO gewesen seien. Denunziationen waren Tür und Tor geöffnet.

Es mag Menschen, die als Hilfsarbeiter*innen in die DDR eingeladen waren, attraktiv erschienen sein, den „Brodelpott" zu verlassen und im friedlichen Bruderland ihr Geld zu verdienen. Damit konnten sie die Familie zuhause unterstützen.

Nach der Wiedervereinigung waren die MADGERMANES in Deutschland unerwünscht und kehrten nach Mosambik zurück. Dort wurde ihnen vorgehalten, sie hätten sich dem Kampf entzogen und seien zudem jetzt noch zu geizig, das viele Geld, dass sie angeblich hätten, zu verleihen. Das von der DDR übermittelte Geld ist jedoch in Mosambik von Regierungsmitgliedern ausgegeben worden. Das wurde den MADGERMANES nicht geglaubt. Sie müssten offiziell als eine Opfergruppe mit Anspruch auf Täter-Opfer-Ausgleich anerkannt werden, um eine festlegte Ausgleichssumme zu erhalten.

Die drei fiktiven Persönlichkeiten in Weyhes Graphic Novel kennen sich untereinander. Alle drei sind seit Anfang der 80er Jahre als Hilfsarbeiter*innen in der DDR beschäftigt. Gemeinsam ist ihnen, dass sie sich nicht gerne erinnern (wollen), es aber für das Buchprojekt von Weyhe doch tun. José Antonio Mugande, genannt Toni, aus Pemba im Norden Mosambiks, Basilio Fernando Matola aus der Hauptstadt Maputo sowie Anabella Mbanze Rai aus Beira werden vorgestellt. Gerade José sagt früh in der Graphic Novel zum

---

[5] Ebd.

[6] https://de.wikipedia.org/wiki/Mosambikanischer_B%C3%BCrgerkrieg, 5. Februar 2018

„Programm für Vertragsarbeiter" in der DDR: „Alles nur Gerede." –
„Die Partei hat uns einfach nur verschachert!" Das klingt bitter.
Basilio: „Letztlich haben uns alle Seiten ausgebeutet und betrogen."
Doch er „mach[e] niemand einen Vorwurf".

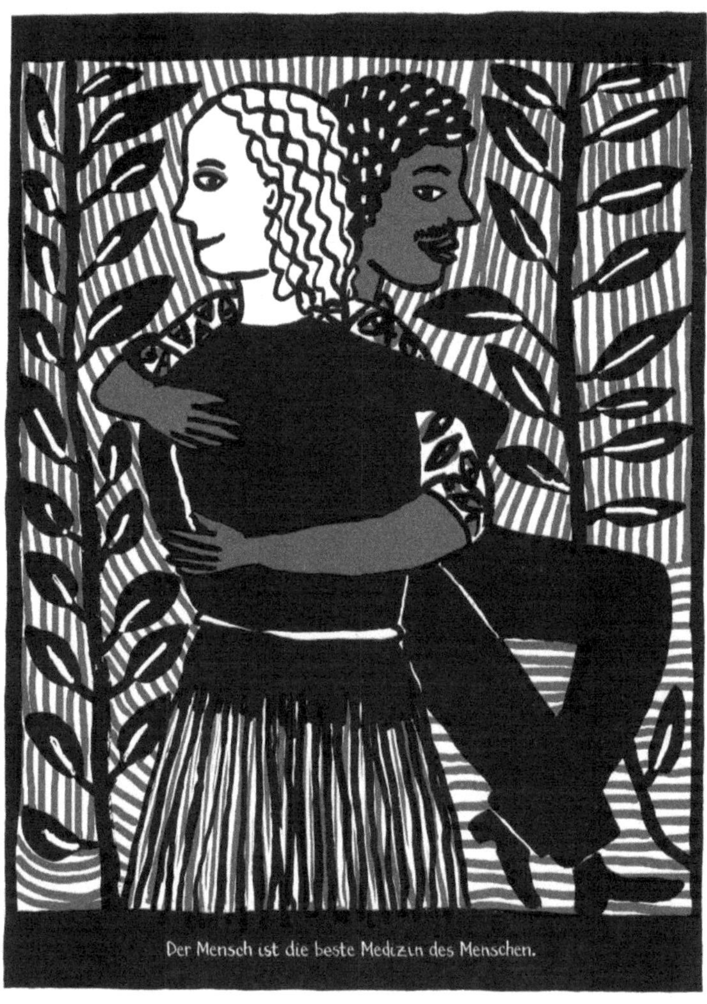

„Der Mensch ist die beste Medizin des Menschen."
(Madgermanes, S. 135)
mit freundlicher Genehmigung von Birgit Weyhe

Immerhin hat Toni nach der Heirat mit Marie Claire in Mosambik im Jahr 1993 ein ruhiges Leben. An anderer Stelle sagt Basilio, als er eine deutsche Partnerin – ausgerechnet in Hoyerswerda! – gefunden hat: „Der Mensch ist die beste Medizin des Menschen." Insgesamt hat Basilio das Leben in der DDR genossen. Er hat gerne Pausen beim Arbeiten gemacht. Und er hatte viel Glück bei den Frauen – deutsche Männer hatten in den Tanzlokalen keine Chancen mehr, wenn die Afrikaner auf die Tanzfläche kamen. Basilio hat sich ein Taschenbuch mit „Afrikanischen Sprichwörtern" gekauft und sie auswendig gelernt, um „authentischer" zu wirken. Aber die deutsche Partnerin hat ihm den Laufpass gegeben, als er 1991 aus Angst vor rassistischen Übergriffen floh. Seinen Sohn Manuel hat er seitdem nicht mehr gesehen. Er träumt davon, von dem schließlich auszuzahlenden Geld durch die Regierung einen Führerschein zu machen, damit er als Chauffeur zum Familieneinkommen beitragen und seinen Kindern eine Perspektive geben könne. Der Abschluss seines Teiles im Buch ist: „Siehst du Unrecht oder Böses und sprichst nicht dagegen …" – „ … dann wirst du sein Opfer!" – „Ich werde weiter kämpfen!"

Für mich als Feministin ist es schön, dass eine – am Ende erfolgreiche – Frau den Abschluss der Graphic Novel bildet. Zufall? Auch Anabella hat in ihrem Leben harte Zeiten durchgemacht. Dem Schmerz der Erinnerung sind die ersten zwei Seiten gewidmet. Dass die ausgetrockneten Seeigel so wunderschön seien, ermutigt Anabella, sich den „eiternden" Erinnerungen zu stellen. Sie ist 1983 vom stark umkämpften Beira nach Maputo 718 km (!) durchgekommen – ohne Passierschein, mit Frauenmethoden … Die Mosambikaner*innen waren am Rande von Berlin in außerhalb gelegenen Wohnheimen untergebracht. Das Hilfsarbeiter-Dasein lief nach Plan, aber die Kontakte *untereinander* waren *nicht* nach Plan, wurden aber möglich, da die Deutschkurse in den Männerwohnheimen stattfanden. Die Mosambikaner*innen haben sich immer gegenseitig geholfen. Basilio wird „schnell klar", dass mehr als Hilfsarbeiter-Dasein nicht gefragt war. Hier wieder ein schöner künstlerischer Trick: Er sitzt zusammengekauert auf dem Boden, der Kopf ist mit goldenen

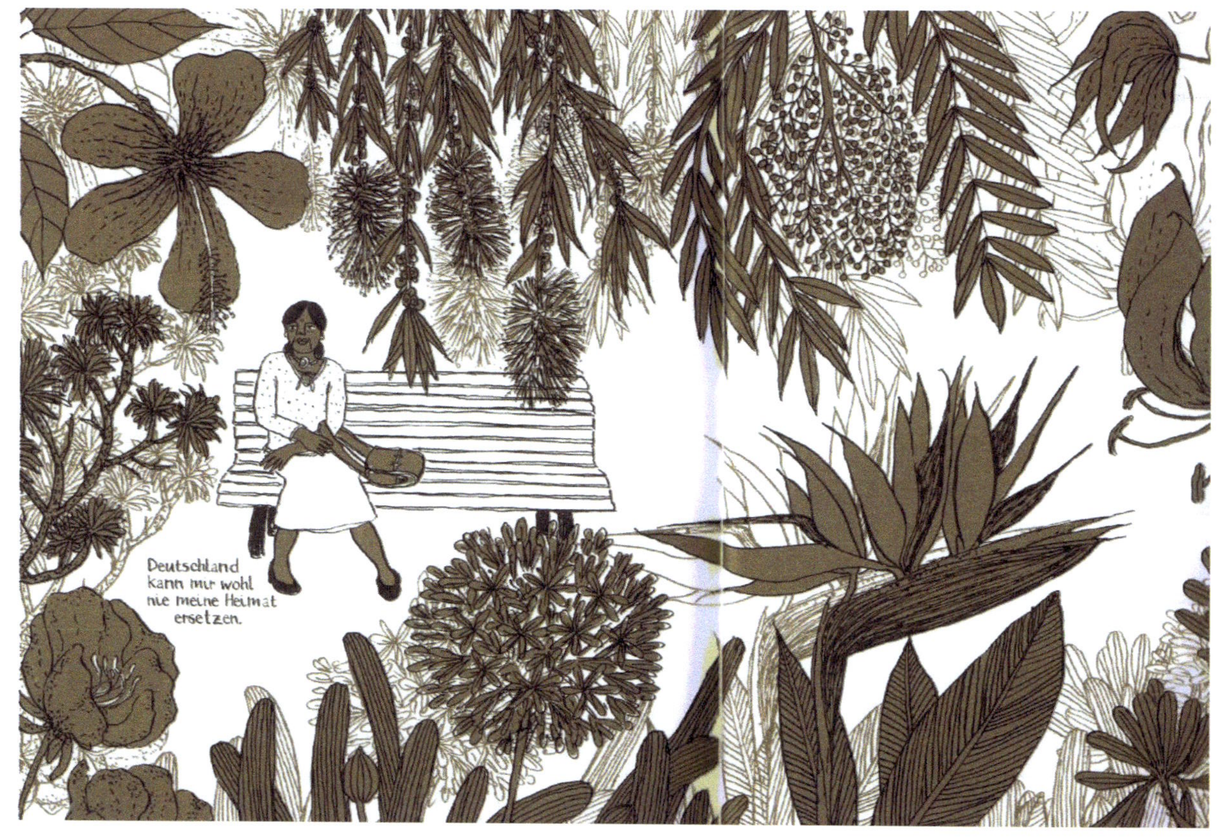

Anabella hat in Brasilien auf einer Reise eine klare Erkenntnis.
Madgermanes, S. 232-233, mit freundlicher Genehmigung von Birgit Weyhe

Mehrfach-Kreisen verwischt im wahrsten Sinne des Wortes – also der Widerspruch der Worte „Es wurde schnell klar" und die visuelle Unklarheit sind faszinierenderweise im selben Panel angeordnet.

Anabella erlebte mit Toni ihre erste große Liebe. Er öffnete ihr die Augen für Bibliotheken und Filme. Sie wurde schwanger. Da nun die Rücksendung drohte, trieb sie ab. Toni sah dies als totalen Verrat an – und zwar von *beiden* Freunden, denn Basilio hatte Anabella zu Arztkontakten verholfen. Nachdem Anabella vom Elend ihrer Familie durch einen zweiseitigen Brief von Tante Catarina erfahren hatte (nach deren Abbildung: zwei schwarze Buchseiten, dann zwei völlig wuselige Seiten) und zusammenbrach, ergab sich eine hilfreiche Freundschaft zu der deutschen Ärztin. Mit deren Hilfe und mit „enorme[r] Disziplin und viel Glück" konnte sie ein Studium in Tübingen aufnehmen und in Stuttgart Allgemeinmedizinerin werden. Zurückgehen möchte sie nicht, sie bleibt „ohne Bindung, ohne Anker, schwebend zwischen den Kulturen. Egal, ob wir zurückkehren oder bleiben".

Heute gibt es unter Mosambikaner*innen in Mosambik drei Gruppen: erstens Ostalgie bei den Zurückgekehrten (Basilio: „Überhaupt war der Sozialismus viel besser als der Kapitalismus."), eine zweite Gruppe, die den Rassismus (in der DDR) schon vor der Wende gesehen und erlebt hat (er sei heute nur subtiler geworden) sowie drittens die Hiergebliebenen. Besonders vertraulich berührend wirkt für die MADGERMANES solch eine dargestellte Kleinigkeit wie die (zu) heiße Heizungsluft an. (Heizungen sind in Mosambik nicht bekannt.)

Ein großes und über den Krieg hinaus bleibendes Problem in Mosambik sind die Landminen. „Im März 2010 erklärte das Nationale Institut für Minenentfernung 63 von 128 Distrikten Mosambiks für minenfrei. Noch 2009 wurden nach offiziellen Angaben 15 Menschen durch Landminen getötet."[7] Neben diesen – heute noch! – schrecklichen Auswirkungen sind zunehmende mediale Täuschungsmethoden von

---

[7] Ebd.

Orwellschen Dimensionen offenzulegen (siehe Orwell, 1984: „Krieg ist Frieden, Freiheit ist Sklaverei, und Unwissenheit ist Stärke."[8])
Bei dieser Graphic Novel handelt es sich auch um ein gelungenes Geschichtsbuch, das die Vielfältigkeit menschlicher Entwicklungs-verhältnisse widerspiegelt. Sie zeigt auch auf, dass eben nie alles nur nach Plan der Mächtigen geht. Insofern ist es ein ermutigendes Buch. Abschließend möchte ich mein Glück und meine Dankbarkeit darüber zum Ausdruck bringen, dass wir hier in Europa in solch einem beschützten Rahmen unser Leben leben können.

Heike Oldenburg, Oktober 2016

Quellen:
Birgit Weyhe, MADGERMANES, Duotone, Klappenbroschur, 24 x 18 cm, 240 Seiten, Berlin 2016;
Birgit Weyhe, O-Töne bei der Comiclesung
http://blogs.faz.net/comic/2009/06/17/frauen-am-zeichentisch-der-mami-verlag-und-sein-grosses-talent-birgit-weyhe-82/, 25. Oktober 2016

Zu diesem Aufsatz:
Die in Afrika aufgewachsene Weyhe behandelt hier das Leben von Mosambikaner*innen, die in der DDR beim Aufbau als Arbei-ter*innen mithalfen. Mehrere miteinander verknüpfte Lebenswege enden, außer in einem Fall, mit der Rückkehr nach Mosambik. Die Undankbarkeit des Systems (Unterschlagung eines Teils des Lohnes) sowie die schwierige Wiederaufnahme durch die im Bürgerkrieg dort gebliebenen Mosambikaner*innen werden dargestellt.
在非洲長大的魏黑，講述協助東德重建工程的莫桑比克工人的生活。互相糾結的許多人生道路，除了一人，最後又都回到莫桑比克。魏黑並描述政府的不知體恤（侵占部分工資）以及留在莫桑比克經歷過內戰的人難以接納這些返國同胞的情形。

---

[8] https://www.bremerfriedensforum.de/pdf/Militarisierung-im-Digitalen-Zeitalter.pdf, Bremen 2014, fett im Original, H.O.

Mini-Comic: „Der Krawall der Irren"; Über den Künstler George Grosz, der den Ersten Weltkrieg als „Krawall der Irren" bezeichnete

Das kleinformatige Heft mit 32 farbigen Seiten ist stilistisch drastisch, direkt und eckig-expressionistisch gestaltet – angelehnt an George Grosz´ provokative Art. Es gibt Textecken und Bilder mit und ohne Rahmen, die sehr unterschiedlich auf den einzelnen Seiten verteilt sind. Auf der vorletzten Seite befindet sich eine grobe Übersicht „Zeittafel George Grosz". Daneben zitiert Blöß den interessanten Satz: „Menner machen Feler." (aus einem späten Brief von Grosz aus dem Jahre 1959) Blöß durchforstet die Literatur bezüglich der von ihm ausgewählten Persönlichkeiten[1] ohne Schere oder Tabus im Kopf. Er wählt für seine Reihe eher regimekritische Künstler*innen aus. Eine Verbindung zu Politik ist immer gegeben. Er stellt zudem gute Bezüge her zwischen der Wesens- und Schaffensart dieser Menschen und den jeweiligen bestimmenden, politischen Gegebenheiten. Dabei nimmt Blöß kein Blatt vor den Mund.

Das Leben des engagierten, kritischen Malers George Grosz, Sohn von Gastwirtseheleuten, spannt sich über die Jahrhundertwende von 1893 bis 1959. Grosz war ein sehr vielfältiger Künstler: Er malte Ölbilder mit Großstadt-Wimmelbildern[2] darauf, stellte Bühnenbilder her sowie Kostüme. In die Lebenszeit George Grosz´ fielen die beiden Weltkriege. Als Freiwilliger ist er am Anfang des Ersten Welt-

---

[1] Siehe auch meine Besprechung von Blöß´ Biografie „Robert Capa" im Band „Krieg im Comic? Grafische Erzählungen zu Militarismus und Gewalt", BoD Norderstedt 2017.

[2] Auf den sich dann (…) meist doppelseitig erstreckenden Bildern „wimmelt" es von Details, Menschen, Tieren und Dingen, sogenannte Wimmelbilder (…). Innerhalb eines Bildes werden Dutzende kleine Alltagsszenen dargestellt, die miteinander durch die gemeinsame Umgebung, wie zum Beispiel einen Zoo, eine Stadt oder einen Bauernhof, verbunden sind.
https://de.wikipedia.org/wiki/Wimmelbilderbuch, 14. Januar 2018, gekürzt H. O.

kriegs nur wenige Monate im Einsatz und wird auf Abruf entlassen.
Grosz demaskiert die Kriegshetze und den Massenwahn in seinen
Werken furchtlos. Sein Grundton ist uneuphorisch. Dazu wählt er
eine Art „´genähten´ Illustrationsstrich" (S. 4) als Darstellungsmittel.
Er bezeichnet den Krieg als „Krawall der Irren" (S. 6/7). Seinen
Namen amerikanisiert er 1916 aus Protest: Aus Georg Groß wurde
George Grosz. Sein Spitzname Böff leitet sich von frz. *boeuf*
Ochsenfleisch her und bezieht sich auf seine ausgeprägten amourösen
Aktivitäten. Die erneute Einberufung zum Kriegsdienst im Jahr 1917
führt zu vier Monaten Aufenthalt in einer Nervenklinik zwecks
Beobachtung. Seine gerade veröffentlichte erste Mappe mit krake-
ligen Unzuchts- und Gewaltdarstellungen überzeugt Psychiater und
Militärs wohl, dass er verrückt sei.[3] Er wird als „dauernd dienst-
unfähig" entlassen.

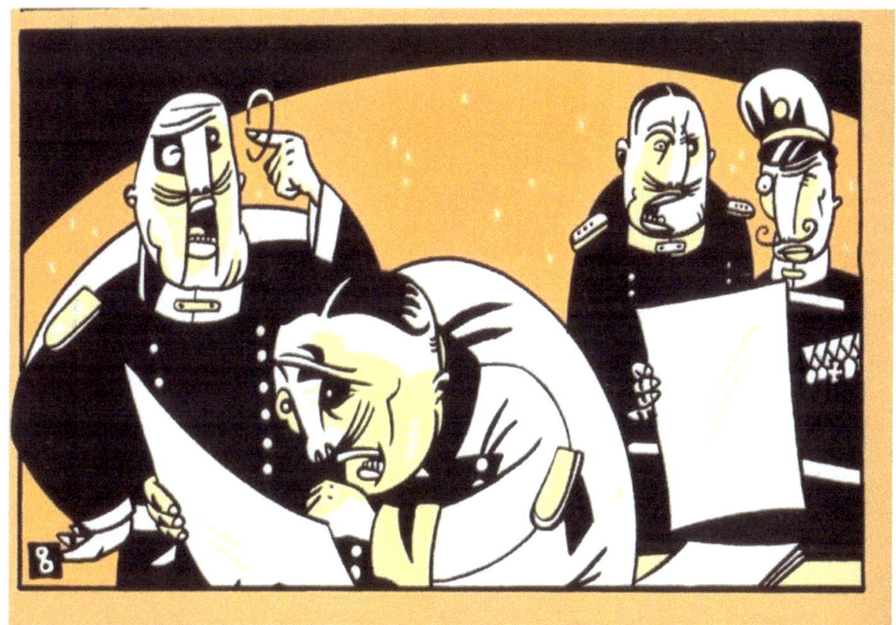

Überzeugt – Der kann wohl nur verrückt sein...
mit freundlicher Genehmigung von Willi Blöß
George Grosz, S. 8 (Detail)

[3] Bildmotiv von Thomas Thiesen, der hier auch koloriert hat.

In Berlin wenden er und seine Freunde sich dem Dadaismus zu. Eine Störaktion von Grosz ist zum Beispiel, dass er Ausgehanzüge und Einladungen zum Tee an die Front versendet. Er heiratet 1920 Eva Peters. Eine 1922 unternommene Reise durch die UdSSR desillusioniert ihn so sehr, dass er aus der KPD austritt. Jedoch bleibt er seinen linken Ansichten treu. Karikaturen von Hitler seit 1923 und Bilder wie Jesus am Kreuz mit Gasmaske machen ihn früh angreifbar: Grosz wandert Mitte Januar 1933 mit Familie in die USA aus. Er sieht sich als politisch gescheitert und wird verbittert, obwohl er in den USA einigen künstlerischen Erfolg hat und als Lehrkraft materiell abgesichert ist. Er wird zunehmend depressiv und trinkt sehr viel Alkohol. Nur Wochen nach der Rückkehr nach Berlin im Jahr 1959 stirbt er beim Sturz von einer Treppe. Seine beiden Söhne bleiben in Amerika, der zweite wird anerkannter Jazzmusiker.

Der Autor und Zeichner Willi Blöß, Jahrgang 1958, lebt mit seiner Familie in Aachen. Er zeichnet diese kleine Biografienreihe seit 1998 und veröffentlicht im Jahr 2002 seine ersten fünf Biografien. Im Jahre 2012 erhält Blöß den Deutschen Biografiepreis für seine Reihe. Es gibt inzwischen 30 Kleinformate (10,7 x 14,3 cm) à Heft 3,00 €, zusätzlich zwei davon als Großformate (17 x 24 cm) in Softcover à 5,00 € und sieben davon als Großformate (17 x 24 cm) in Hardcover à 10,00 €. Erschienen bei: Willi Blöß Verlag, Aachen, www.kuenstler-biografien.de

Heike Oldenburg, Januar 2018

Quellen:
Willi Blöß, Der Krawall der Irren, Aachen 2008
htttps://de.wikipedia.org/wiki/George_Grosz, Zugriff am 13. Januar 2018

Zu diesem Aufsatz:
In diesem Beitrag werden die gesellschaftlichen Verhältnisse und deren Auswirkungen anhand des Lebens des Malers George Grosz in

der Mini-Comic-Reihe des Künstlers Willi Blöß aufgezeigt. Grosz
zerbrach an seiner inneren Verzweiflung.

本文講述藝術家威利‧布羅斯的迷你漫畫系列刊出畫家喬治‧格
羅茲的生平，以標顯社會現況及其影響。格羅茲因內心絕望而崩
潰　　　　　　　　　　　　　　　　　　　　　　　　　　。

FLUGHUNDE
– brillant gezeichnetes, aber sehr brutales Thema

Die Comiczeichnerin Ulli Lust war mir vor der Ausstellung zu
Graphic Novels in Oldenburg Anfang 2018 nur als Zeichnerin von
Lust bekannt – der Name als Programm. Ihren wundervollen wort-
losen Comic AIRPUSSY konnte ich in Brüssel in einem franzö-
sischsprachigen Verlag erwerben! Doch Ulli Lust kann auch ganz
anders.

Die in Berlin lebende Wienerin Ulli Lust[1], geboren 1967, war vom
Suhrkamp-Verlag gebeten worden, einen weiteren Roman des Hauses
als Graphic Novel umzusetzen. Ihre Wahl fiel auf den 1995
erschienenen Roman „Flughunde" von Marcel Beyer. In diesem
Roman verwendet Beyer recht frei Figuren aus dem realen Leben.

Ulli Lust ging mit dem Material ebenfalls frei um. Sie verbildlicht die
Parallelerzählungen über die Jahre 1940-45 aus Sicht des Akustikers
Hermann Karnau sowie der Tochter Helga Goebbels auf beein-
druckende Weise. Das im Grundton Grau gehaltene Werk ist, je nach
Inhalt und Beziehungsgefüge, farblich brillant hinterlegt. Der Einstieg
ist im Wesentlichen ideologisch-braun gehalten. Es geht um die
Vorbereitung der berühmten Sportpalast-Rede am 18. Februar 1943
(„Wollt Ihr den totalen Krieg?"). Karnau ist für den Gesamtklang der
Übertragung der Rede Goebbels im Stadion zuständig. Die Graphic
Novel setzt gleich am Anfang mit Kriegsversehrten ein. Mit (noch
leeren) Rollstühlen, von Jugendlichen der Hitlerjugend gehetzt-
geschoben, und mit Blinden und mit Taubstummen wird der „Emp-
fang der Weltkriegskrüppel und Wehrunfähigen" (S. 23) stundenlang
geübt. Der Auftritt muss reibungslos laufen. Bereits hier kommen die
lautmalerisch-gezackten Stimmen zur Geltung. Taubstumme sollen,
sobald sie nicht mehr angeschrien werden, aufgrund des endenden
Schalldrucks erkennen, dass nun die Hände zum Hitlergruß zu heben

---

[1] Lusts autobiographischer Comic-Roman „Heute ist der letzte Tag vom Rest deines
Lebens", erschienen 2009, erhielt zahlreiche Preise und liegt übersetzt in zwölf
Sprachen vor.

sind. Die Blinden sind viel schlechter zu koordinieren. Ihr Durcheinander-geraten-sein ist an den unordentlichen Sprechblasen „Sieg Heil" auch optisch erkennbar.

Immer wenn es um die Familie Goebbels privat geht, ist der Rot-Ton dominant. Eine nächtliche Ausfahrt mit dem Vater ist in schönem Blau gemalt. Das Tempo wird jedoch so hochgedreht, dass die ominöse Spinne am Vorderspiegel weggeweht werden soll – erfolgreich! Der ebenfalls in Blau gehaltene Albtraum Helgas direkt davor macht Anleihen bei „Alice im Wunderland". Ein weiterer Alptraum drückt noch stärker Helgas wachsende Ängste aus: Die Totenhunde, die in ihrer Vorstellung der schlafenden Schwester die Kehle durchbeißen, lassen sie verängstigt wachliegen.

In romantischem Pink spielt die Szene in den Bergen, bei der ein Zeitungsfoto mit Mama Goebbels und den sechs Goebbels-Kindern gemacht wird. Nach Abschluss der Aufnahme gleitet der Farbton wieder ins Rote. Die Mama liefert die Kinder auf dem Berghof ab und fährt alleine nach Dresden ins Sanatorium weiter. Ihre Depressionen sind behandlungsbedürftig.

Später geht es um die Sportpalast-Rede, nun live (S. 136-157) – ein rhetorisches Meisterwerk. An den Seitenrändern gezackte Spruchblasen stellen übergroße Lautstärke dar: „VIELLEICHT HÖREN SOGAR DIE TOTEN UNS, DIE LETZTEN STALINGRAD-KÄMPFER, DIE SCHON VOR WOCHEN IHREN SCHLUSS-BERICHT GEFUNKT HABEN." Diesen Spruchblasen begegnen von unten rechts mit braun hinterlegte „HEIL"- und „BRAVO"- Spruchblasen als Entgegnung. Für Helga ist die fast 2-stündige Rede luft- und atemraubend. Sie möchte nur weg. Sie wundert sich, wie ihr Vater so lange so viel brüllen kann. Beim Verlassen des Stadions bemerkt die Mutter: „Jetzt hat Papa ganze zwei Stunden lang nicht eine Zigarette geraucht." Vorher rauchte er ohne Pause und aß gar nicht mehr. Die Sportpalast-Rede ist mehrfach von für mich nahezu unerträglichen Folterszenen durchbrochen. Goebbels geschrienes „ES

MUSS WIE EIN STROM DURCH DAS DEUTSCHE VOLK GEHEN!" verbindet die Szenen in gewisser Weise. Nach Karnaus Theorie soll in der Dunkelheit des Kehlkopfs die menschliche Entfremdung beginnen. Er will Kehlköpfe dahingehend untersuchen, ob zukünftig Menschen per Stimme im Inneren manipuliert werden könnten.

Die Fahrt in den abschließenden Aufenthaltsort, den zentralen Bunker in der Stadtmitte, ist rosa hinterlegt – das letzte Drittel des Buches spielt sich dort ab. Die Farbgebung geht bald ins Graue über, dem Ankunftsort angemessen.[2] Im grau dargestellten Raum des Bunkers kommt ein Anruf bei Goebbels an (S. 326). In diesem letzten grauen Panel der Seite klingelt das Telefon in Rot hinein. Es leitet zu der nächsten Seite hinüber wieder den Rot-Ton ein, als Auftakt zum weiteren Familiendrama.

Der Aufenthalt im Bunker in diesen letzten Tagen ist laufend untermalt von „RAT-RAT-RAT" – es könnten Schusssalven und Bombenabwürfe sein.[3] Das einzige Panel, das entsprechend Ulli Lusts üblicher Art gestaltet ist, ist beim Besuch Karnaus, als die Kinder mit seinem Hund Coco außer Rand und Band geraten beim Spiel: Hund und Kinder „heben ab" (S. 283). Die Mutter weint viel. Doch es gibt unterschiedliche Versionen über ihre innere Verfassung. Klar ist eines: Sie hat die Kinder angelogen, sie würden mit einer

---

[2] Meine Freundin Leonore H., die 1974-79 als Revolutionärin in einem südlibanesischen Lager gelebt hat, schwächte mein Grauen über die grauen deutschen Bunker ab, indem sie mir erzählte: „Wenn ich mal in Ruhe nachdenken wollte, ging ich immer in den Bunker." Als ich einmal in Malta das beige Globerinenkalk-Gestein kennenlernte, in das die dortigen Schutzbunker hinein gehauen sind, war ich irgendwie sehr erleichtert.

[3] Dazu U. Lust, Mail vom 15.3.2018: „Ja, es handelt sich nicht um Gewehrsalven, sondern um das Klappern der Klimaanlage. Aber eigentlich ist es nicht wirklich wichtig, welche Störgeräusche die Bunkerinsassen ständig umgaben. Es herrschte schlicht ein ständiges Brummen und Rattern. Wenn die Soundwords falsch identifiziert werden, muss ich als Künstlerin damit leben." In Deutschland gibt es, anders als in Frankreich und im englischsprachigen Raum mit ihren jeweils langen Comic-Traditionen, (noch) keine sehr ausgeprägte Soundword-Kultur.

Spritze für den bevorstehenden Flug beruhigt. Dann hat sie sie mit Blausäure vergiftet. Diese Szene ist in einem warmen Gelb gehalten.

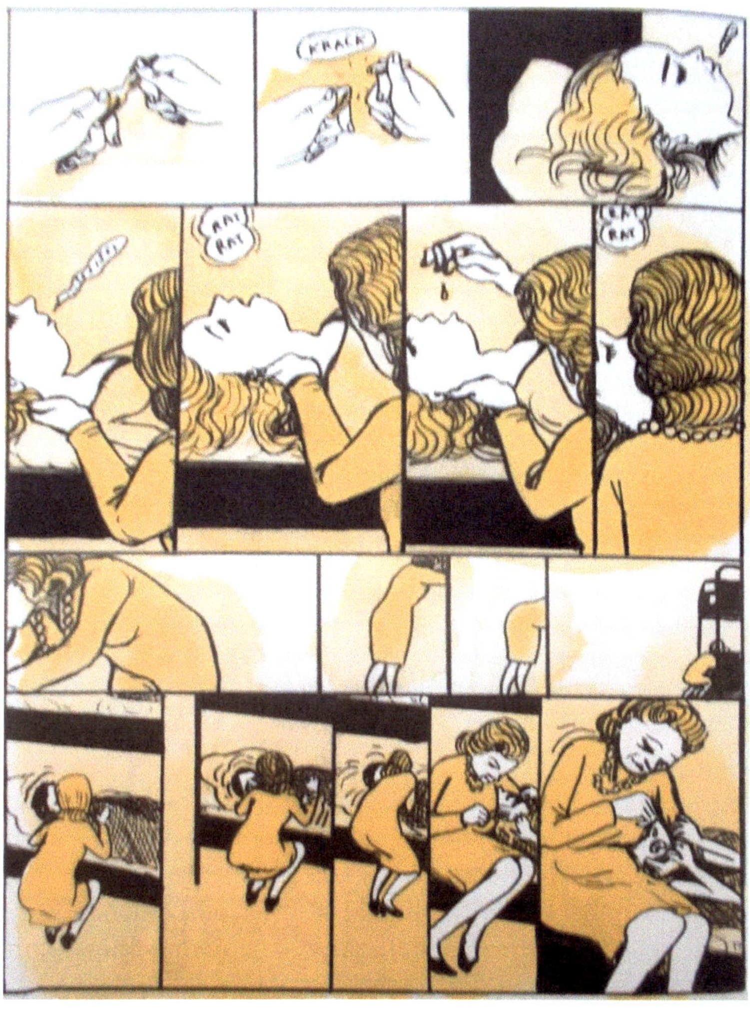

Helga wehrt sich als einzige gegen die Blausäure 3-18
mit freundlicher Genehmigung von Ulli Lust
Fotografin: Heike Oldenburg

In dieser Graphic Novel sind alle drei möglichen Formen von Behinderung enthalten. Körperbehinderung (Kriegsversehrte), psychosoziale Gesundheitsprobleme (Depression) sowie umgebendes Weltgeschehen – hier in Form von Krieg. Behinderte sagen von sich: Wir sind nicht behindert, wie werden behindert! Krieg ist in mehrfacher Weise ein Behinderung auslösendes Geschehen.
Allen Formen von Gewalt, die Erwachsenen widerfahren, können auch Kinder ausgesetzt sein. Kinder spielen diese oft brutal nach, hier in Form einer KZ-Szene, bei der Helga und Hilde die kleineren Geschwister anbrüllen, den Teppich mit Zahnbürsten zu putzen. Die beiden Geschwister steigern sich so hinein, dass Ulli Lust sie als Monster zeichnet (S. 121).

Ulli Lust zeigt mit ihren Mitteln, wie Gewalt und Behinderung über die Generationen hinweg weiter getragen werden.

Heike Oldenburg, März 2018

Quellen:
Ulli Lust, Flughunde: Graphic Novel, Suhrkamp Insel Verlag, Berlin 2013
Zum Weiterlesen: Ulli Lust, Airpussy, Brüssel 2009

Zu diesem Aufsatz:
Die sehr begabte Zeichnerin Lust stellt das Krankmachende des Zweiten Weltkrieges dar anhand der Geschichte eines Akustikers sowie der ältesten Tochter von Goebbels, beides Menschen, die tatsächlich gelebt haben. In farblich sehr gut abgesetzten Szenen geht es, in großer künstlerischer Freiheit, um die berühmte Sportpalastrede und die private Lebenszeit der Goebbels-Familie 1940-1945.
極具天賦的畫家露絲特以一名音控技師和戈培爾的長女的真人真事為例，描寫第二次世界大戰如何扭曲人性。露絲特縱情揮灑藝術家的創作自由，以色彩運用極佳的構圖，呈現著名的體育館 (Sportpalast) 演講及 1940 到 1945 年間戈培爾家族的私生活。

Eine „Siegerin" dokumentiert die Zeiten nach dem Kalten Krieg und dem Zerfall der Sowjetunion

Die russische Comiczeichnerin Victoria Lomasko lernte ich in der Ausstellung zu Graphic Novels im Oldenburger Edith-Russ-Haus Anfang 2018 kennen. Es passte inhaltlich irgendwie zusammen, dass das untere Stockwerk dieses Hauses keine Heizung hatte, in dem Victoria Lomasko ein Wandgemälde extra angefertigt hatte. Es waren außerdem ihre beiden Reihen „Eine Reise nach Bischkek" und „Eine Reise nach Dagestan" auf Englisch zu sehen. Für einen Besuch im Januar war dieser Umstand wirklich unschön.

Victoria Lomasko lebt in Moskau. Sie bereist die 15 Republiken der ehemaligen Sowjetunion, um sich ein Bild zu machen – im wahrsten Sinne des Wortes. Die angebliche Gleichheit der Völker laut Parteilinie war schon damals nicht gegeben: Die Russen standen ganz oben in der Hierarchie, die Belarussen und die Ukrainer darunter, dann die Kaukasen und zuletzt die Zentralasiatischen Gebiete, die früher Kolonien waren. „Eine imperialistische Erziehung führt zum Krieg" hatte die Aktivistin auf ein Plakat auf einer Demo gegen den Krieg in der Ukraine geschrieben. Es sei die imperialistische Mentalität, die beim Gros der Bevölkerung der ehemaligen Sowjetunion zu Befürwortung der Annexion der Krim und diesem Krieg führe.

Wachsender Nationalismus ist, was Victoria Lomasko auf ihren Reisen wahrnimmt. Dagestan[1] liegt im Nordkaukasus am Kaspischen Meer in Südrussland. In der Hauptstadt Machatschkala wird ihr eine erhalten gebliebene Zitadelle auf dem Skorpion Hill gezeigt, nun das Gefängnis. Die Stadt sei „ein großer Markt"[2], den sie zeichnen müsse. Eine Muslima hatte gebeten, sie und ihren Sohn zu zeichnen. Jemand kommentierte, dass der Islam dies verbiete. Victoria Lomasko fragt sich: „Begehe ich eine Sünde?" In der Stadt sind die Menschen offen

---

[1] Es wird dem Projekt www.drawingthetimes.com gedankt für die Überlassung der englischen Fassungen von „A Trip to Dagestan" und „A Trip to Kyrgyzstan".

[2] Alle Zitate von abfotografierten Zeichnungen der Ausstellung, übersetzt von H.O.

und erzählen gerne, welcher Ethnie sie zugehören. Kunststudentinnen weigern sich, Aktmodelle abzuzeichnen. „Einmal haben wir einen Mann ohne Hemd gezeichnet, aber selbst das war hinter verschlossenen Türen" – um die Integrität des Mannes zu schützen. „Sie versuchen, ihre Mädchen ´in a hurry´[3] zu verheiraten, wenn sie noch keine eigene Meinung haben. Die Männer sollen in der Lage sein, sie nach ihrem Willen formen zu können." Die Frauen der Region sind ausgesprochen sexy, viele haben lange Haare und aufgespritzte Lippen. Ein sehr junges Model hatte schon eine Heirat und häusliche Gewalt hinter sich. Sie traut sich kaum auf die Straße, denn es ist riskant, als Model zu arbeiten. Mit starken Linien sind die Frauen im Graphic Novel-Stil gemalt, häufig schwarz-weiß, jedoch ebenso häufig krass-bunt koloriert. Auf Englisch an den Rändern stehen – auch die russischen hingemalten – Texte, z. B.: An der georgischen Grenze werden Mädchen beschnitten. Warum? „Es sind schwierige Zeiten: Es gibt viele Frauen und wenige Männer. Eine Frau sollte beschnitten sein, damit sie, falls nötig, alleine leben kann." Und: Eine Frau solle lieber „kalt" als „verderbt" sein. Diese Argumentation erschließt sich mir nicht.

Zwei weitere Dörfer in der Region besucht Victoria Lomasko. Es ist auch heute noch fruchtlos, für Entschädigung für Zwangsumsiedlungen in Kidero 1944 bzw. um 1957 zu kämpfen. Seit über 20 Jahren warten die Schuldirektoren auf Hilfe aus Moskau, um die verfallenden Schulen zu retten. Es wäre bei den schlechten Straßen in der Region zu gefährlich, die Kinder täglich ins Nachbardorf zum Unterricht zu bringen. Wegen der Kälte tragen die Kinder ab Oktober ihre Jacken im Unterricht. Ganze Familien im nahegelegenen Beschta verbringen ihre Abende üblicherweise mit Fernsehen, Handygucken – sogar nebeneinander in verschiedenen Handys! Jugendliche sprechen lieber Russisch. Hier in Beschta kann eine Frau „sogar im Kimono" herumlaufen, wenn sie das möchte. Im Gegensatz zu Kidero und Mokok ist Beschta weltlich orientiert. Alte Tradition und Neues vermischen sich. Victoria Lomasko untersucht auch die Minderheiten,

---

[3] D. h. schnell, bevor sie 20 Jahre werden.

z. B. jugendliche Häftlinge oder die LGBT-Gemeinde[4] vor Ort. In Kirgisistan ist Homosexualität offiziell nicht vorhanden. Victoria Lomaskos Bilder sprechen eine andere Sprache.

„Lomasko ist eine Meisterin des Reportage-Comics.", schreibt die TAZ 2013 in einer Besprechung des Buches „Verbotene Kunst" von Victoria Lomasko und dem Journalisten Anton Nikolajew. Das Buch ist eine Mischung aus Comic, Tagebuch und Protokoll zum Gerichtsprozess gegen die gleichnamige Ausstellung im Jahr 2006. Normalerweise malt sie „Menschen, diverse Straßenszenen und öffentliche Plätze. – Die Comics waren nicht genug. Die Dialoge fehlen. Ich fand eine Co-Autorin. – Anfangs wurde über die Ausstellung nur auf dem eigenen Blog publiziert. – Comics werden nicht als Gegenwartskunst angesehen. – Es gibt viel ethnische Diskriminierung, besonders in den Provinzen."[5]

Da Comics in Russland nicht richtig ernst genommen werden, ist Victoria Lomasko als Künstlerin nicht bedroht. Sie bedient eine sichere Nische. Hoffen wir, dass dies so bleibt und dass die jetzt 39-Jährige uns noch viele aktuelle, politisch wichtige Einsichten verschaffen wird.

Heike Oldenburg, März 2018

Zum Weiterlesen: Victoria Lomasko, Anton Nikolajew, Verbotene Kunst, Eine Moskauer Ausstellung, 171 Seiten, 150 Abbildungen, Berlin 2013

www.drawingthetimes.com

---

[4] Kommt aus dem Englischen und bedeutet: **L**esbian, **G**ay, **B**isexual und **T**ransgender. Wikipedia, 8.3.2018

[5] https://www.youtube.com/watch?v=__atBMWNvec, übersetzt und zusammengefasst von H.O.

Zu diesem Aufsatz:

In diesem Beitrag wird eine Ausstellung von Arbeiten der russischen Künstlerin und Aktivistin Lomasko beschrieben. Sie hat das alltägliche Leben einfacher und häufig diskriminierter Menschen in den heutigen Nachfolgestaaten der Sowjetunion abgebildet. Als Comiczeichnerin ist sie in Russland nicht verfolgt und bedroht, da dieses Genre dort nicht ernst genommen wird.

本文描述俄國的藝術家和積進分子蘿瑪斯蔻的作品展。她畫筆下呈現蘇聯解體後的新獨立國家中、市井小民飽受歧視的生活常態。身為漫畫家的她不曾受到迫害和威脅，因為漫畫在俄國是不入流的藝術。

„Flucht aus Berlin": Bildgewaltige Abenteuer mit politischen Botschaften von Gerhard Seyfried

Zum ersten Mal habe ich Gerhard Seyfrieds Comic „Flucht aus Berlin" auf der Toilette einer Studenten-WG gesehen. Ich war so begeistert, dass ich ihn sofort zu Ende gelesen habe. Wenige Tage später habe ich mir dann ein eigenes Exemplar gekauft. Meine Reaktion ist um so erstaunlicher, als ich damals nur sehr wenige Comics las. Mir gefielen eigentlich nur Asterix, Lucky Luke, Spirou & Fantasio, Tim & Struppi sowie Yoko Tsuno. Und auch beim Kauf meines Exemplars konnte ich mich im Comic-Shop nicht für einen weiteren Comic in den Auslagen begeistern.

Was hat mein enormes Interesse für diesen Comic geweckt, der auf den ersten Blick so ganz anders war als alle anderen Comics, die ich zuvor gelesen hatte? Schon das Cover ist mit seinen vielen Zitaten gegen Rechtsextremismus ein unmissverständliches Statement für eine politische Haltung. Entscheidend ist, dass Seyfried neben links-alternativen Botschaften ein Lebensgefühl beschreibt, das gerade unter Studenten verbreitet war, und das weit über den politischen Aktivismus im AStA, bei Greenpeace oder der Antifa hinausging. Seyfried hat gut beobachtet. Neben der politischen Aktion, die er z. B. als Hausbesetzung zeigt, zeichnet er ein detailreiches Bild von einem alternativen Lebensgefühl, in dem ich zu Hause war. Auch wenn das Buch repräsentativ das alternative Leben in Berlin zeigt, so gab es diese Welt und diesen Zeitgeist auch anderswo. Das macht die Szenen so vertraut. Es ist so leicht, sich in den Bildern Seyfrieds wohlzufühlen, weil er seine zeichnerischen Zitate so realitätsnah und liebevoll in detailverliebte Bilder setzt, wie man es von den Wimmelbildern aus Kinderbüchern kennt. Es sind die vielen Kleinigkeiten, die ich manchmal erst auf den zweiten oder dritten Blick entdeckt habe, die bei mir ein wohliges Gefühl entstehen lassen, das mich innerlich sagen lässt: Ja, so ist (war) es. Mir ist alles so vertraut, dass es dem alternativen Leser leicht fällt, sich mit den Personen und Szenen zu solidarisieren. Ich hatte sofort das Gefühl, der Comic erzählt streckenweise auch aus meinem Leben. Die humorvolle Überzeichnung z. B. von alternativen Geschäftsideen spricht an. Ich liebe das Bild mit dem Biokost-Laden, aus dem eine Frau mit einer Gemüsetüte kommt, die eine Gasmaske trägt. Das ist eine schöne Anspielung auf ein Umweltbewusstsein, das sehr weit gehen kann und manchmal auch zu seltsamen Verhaltensweisen führt. Solche Bilder stiften an, sich zu erinnern, z. B. an endlose Grundsatzdiskussionen auf Uni-Vollversammlungen zur Luftverschmutzung.

Ein wenig erschrocken haben mich die Bilder von Türken um einen ausgeschlachteten Benz. Die pointierte Darstellung kultureller Besonderheiten galt in der alternativen Multikulti-Welt als politisch unkorrekt. Das konnte sonst das Prinzip, dass alle Menschen gleich sind, in Frage stellen und den ideologischen Gegner auf dem rechten Flügel stärken. Schön, dass Seyfried sich in diesem Punkt unbefangen gibt. Auch seine Kritik an der Sowjetunion fällt deutlicher aus, als man es in linken Kreisen gewohnt ist. Seyfried gelingt es sogar bei der Flucht der Protagonisten durch alte Nazi-Bunker, seine humorvoll-satirische Dramaturgie gegenüber dem faschistischen Klassenfeind beizubehalten. Die Darstellung der Nazis wirkt in keinem Bild bleiern. Lediglich die Etappe durch die Pripjetsümpfe hat für meinen Geschmack zu viel Landserromantik. Aber selbst eine solche schwächere Szene gewinnt noch durch den realistischen Zeichenstil, der mit seinen Details, wie Birken, die aus einem Wehrmachtspanzer wachsen, glaubwürdige Bilder produziert.

Die perfekte Komposition der großen und kleinen Schauplätze schafft einen Spannungsbogen, der diesen Comic zu einer mitreißenden Abenteuergeschichte macht. Die sehr hohe zeichnerische Qualität vom ersten bis zum letzten Bild rundet den Genuss beim Lesen ab. Die Figuren wirken ausdrucksstark. Sie sind dem wirklichen Leben abgeguckt und haben eine individuelle, humorvolle Note. Die Seitenkomposition ist abwechslungsreich durch einzelne ganzseitige oder auch doppelseitige Bilder, die mal in der Art von Wimmelbildern virtuos gestaltet sind oder aber, wie beim Mutantenmonster in der schneebedeckten sibirischen Tundra, ein einzelnes Objekt großformatig abbilden, das so durch die Größe noch gewaltiger und zerstörerischer erscheint.

Eine Besonderheit des Comics ist die Verwendung der zum Kult gewordenen Figuren der Freak Brothers aus den 60er Jahren. Und auch ihr Schöpfer Gilbert Shelton taucht als Maler für ein sowjetisches Propagandaplakat auf. Die Freundschaft Seyfrieds mit dem US-amerikanischen Zeichner macht hier einen weiteren Nebenschauplatz möglich, den es so in anderen Comics nicht gibt. Das ist ein ganz besonderes Herausstellungsmerkmal dieses Comics.

Seyfrieds kritischer Zeigefinger zeichnet sich durch einen attraktiven, animierenden Stil aus, der verständnisvoll wirkt. Selbst die Bullen sind irgendwie süß und menschlich. Gleichzeitig regt jeder Fingerzeig an, von der Fantasie des Lesers fortgeschrieben zu werden. Pointiert politisch wird seine Kritik nur auf den wenigen Seiten, die ausschließlich in Grautönen gehalten sind sowie in Fascho-Braun für den Anzug des Innensenators. Die Anspielungen auf den CDU-Politiker Lummer, der durch seine harte Vorgehensweise als Innensenator gegen Hausbesetzer für viele negative Schlagzeilen sorgte, sind deutlich.

„Flucht aus Berlin" ist insgesamt ein großartiger Comic, weil er komplex und trotzdem übersichtlich ist. Er bringt viele Dinge zusammen von allgemeiner Unterhaltung, über Lebensgefühl, Humor, Kalauer, Abenteuergeschichten bis hin zu dezidierter Gesellschaftskritik. Selbst bei der x-ten Lektüre kann man wegen der enormen, geradezu filigranen zeichnerischen und sprachlichen Fülle Neues entdecken. Die vielen großen und kleinen Geschichten in Seyfrieds Werk haben eine Tiefsinnigkeit, die die Fantasie über das vordergründig Offensichtliche hinaus anregt. „Flucht aus Berlin" unterhält und kann weiter gedacht werden.

Holger Hähle, Dezember 2017

Zu diesem Aufsatz:
„Flucht aus Berlin" von Gerhard Seyfried ist ein hochprofessionell gezeichneter Comic, der Abenteuer, Satire und Gesellschaftskritik verbindet. Die Geschichte ist durchgehend spannend mit vielen mitreißenden Auswüchsen. Der Erzählstil ist turbulent bis virtuos.

格哈德・西耶弗里德的《逃離柏林》是一部具高度專業性的漫畫，結合了冒險、諷刺及社會批判等元素。故事情節高潮迭起，有許多出乎讀者意料的發展。其敘事手法暗潮起伏，技巧出神入化。

Interview mit Pei-Yu Chang:
Auf den Spuren des Mysteriums um Herrn Benjamins Koffer

Pei-Yu Changs Buch „Der geheimnisvolle Koffer von Herrn Benjamin" erschien im Januar 2017 im NordSüd Verlag in Zürich (ISBN 978-3-314-10382-7). Im Mai 2017 folgte eine englische (NorthSouth, New York, ISBN 978-073-58-4280-9), im Juni eine portugiesische (Nuvem de Letras, Lissabon, ISBN 978-989-66-5229-6) und im September 2017 eine chinesischsprachige Ausgabe bei San Min Book in Taipei (ISBN 978-957-14-6328-5, 349 NT-Dollar).

Ein weltberühmter Philosoph auf der Flucht, mit einem Neugierde weckenden Koffer – was passiert in diesem Buch und wie kamen Sie auf die Idee, die Fluchtgeschichte Walter Benjamins als Thema zu wählen?

Zum Inhalt: Im Buch begegnet dem Leser ein Herr Benjamin, ein Philosoph mit ungewöhnlichen Ideen. Eines Tages entscheidet man in seinem Land, dass ungewöhnliche Ideen nicht erwünscht sind. Benjamin muss fliehen und nimmt einen schweren Koffer mit auf seinen Weg. Niemand weiß, was in dem Koffer ist – nur, dass der Koffer ihm so wichtig ist, dass er ihn unbedingt retten will. Leider gelingt Herrn Benjamin die Flucht nicht. Er verschwindet spurlos und mit ihm auch der Koffer. Aber das Mysterium um den Koffer bleibt bestehen; es muss etwas ganz Besonderes in ihm gewesen sein.

Zur Idee: Im Sommer 2015 plante ich gerade ein Bilderbuch zum Thema Flucht. Das Thema war zu der Zeit sehr stark in den Medien vertreten und wurde sehr kontrovers diskutiert. Ich habe mir die Frage gestellt, wie man einen etwas anderen Zugang dazu finden kann: Wie erzähle ich eine Geschichte, ohne dabei die Menschen, die dieses Schicksal teilen, auf einen Begriff – „Flüchtling" – zu reduzieren?

Da hatte ich das Glück, dass dieses historische Ereignis, das meinem Buch zugrunde liegt, den Weg zu mir gefunden hat: Ich besuchte im Literaturmuseum der Moderne in Marbach eine Ausstellung zum Wert des Originals.

Dort wurde der verschwundene Koffer von Walter Benjamin auf seiner letzten Etappe seines misslungenen Exils erwähnt, der bis heute ein Rätsel in der Wissenschaft geblieben ist.

Das Exponat weckte sofort meine Neugier. Und bei meiner Recherche im Nachgang hat vieles an dem historischen Ereignis mich fasziniert: der Willen und die Kraft, die Menschen haben, um ihre Freiheit zu schützen; das Mysterium um den verschwundenen Koffer; die Parallelen zu den unglaublichen Schicksalen, die viele flüchtende Menschen zurzeit erleben müssen. All diese Facetten und die Vielschichtigkeit machten diese Geschichte für mich so interessant, dass ich sie als Vorlage für mein Buch genommen habe.

Die grafische Gestaltung Ihres Buchs unterscheidet sich sehr von anderen Bilderbüchern. Wie würden Sie Ihre künstlerische Technik beschreiben und wie verlief dieser Entstehungsprozess?

In „Der geheimnisvolle Koffer von Herrn Benjamin" habe ich die Collage-Technik verwendet. Für die Collagen habe ich gezeichnet, gemalt, gestempelt, gefaltet, geschnitten und geklebt. Das geschah alles komplett analog und eher experimentell.

Vorher aber, am Anfang des Entstehungsprozesses, standen recht umfangreiche Recherchen und Studien zu Walter Benjamin als Person und zu seiner Fluchtgeschichte. Dabei habe ich mir kleine Gedankennotizen über die Bildideen und Stimmungen aufgeschrieben, die in meine Geschichte einfließen sollten. Anschließend zeichnete ich grobe Skizzen in Briefmarkengröße. Wenn die Skizzen mir gefielen, zeichnete ich sie etwas größer und genauer. Nebenbei sammelte ich Grafiken, Muster und alle Materialien, die mir während der Recherchen in die Hände fielen und mir passend schienen. Damit collagierte ich in meinem Skizzenbuch ganz frei herum, um den „Look" und die Farbdramaturgie durchzuspielen und zu definieren.

Nach Abschluss der experimentellen Phase ging es an die „richtigen" Illustrationen. Im Vergleich zu anderen Techniken ist die Collage ein Medium, das viel Zufall erlaubt und auch davon lebt. Deshalb plane ich die Skizzen meistens auch nur grob. Sie dienen mir eher als eine Art Orientierung – das Wesentliche passiert für mich während des Ausführens der Illustration.

Farben spielen für mich eine sehr wichtige Rolle, gerade in dieser Geschichte. Ich verstehe Farben ungern als Symbole mit fest zugeschriebener Bedeutung – so wie Rot für Liebe, Blau für Melancholie. Für mich sind sie erst einmal neutral – so wie die Farben in der Natur. Je nach Zusammenhang können sie unterschiedliche Stimmungen und Bedeutungen tragen.

In dieser Geschichte tauchen weder Kinder noch Tiere auf, die für die jungen Leser als Identitätsfiguren fungieren könnten. Um einerseits die jungen Leser mitnehmen zu können, andererseits die Gedankenwelt Benjamins widerzuspiegeln, habe ich die Figuren im Buch an die Figurenformen von altem russischen Spielzeug angelehnt, das Walter Benjamin selbst leidenschaftlich gesammelt hat.

Ein weiteres wichtiges Gestaltungselement war für mich die Typografie. Geschichte, Ideologie, Gedanken, Erinnerungen entstehen aus Worten und sind subjektiv. Deshalb gibt es in diesem Buch auch nicht die „eine Stimme", die mit einer Schriftart bezeichnet wird. Stattdessen werden die Stimmen des Erzählers, der Soldaten, der Fluchtsuchenden, der Bergbewohner durch gedruckte, gestempelte, geklebte und geschriebene Texte dargestellt.

Walter Benjamins Leben fand, als Folge der unmenschlichen Gewalt der Nationalsozialisten, ein trauriges Ende. Wie, denken Sie, wirkt dieses Buch auf Kinder und andere LeserInnen?

Zunächst würde ich das historische Ereignis und die Geschichte, die im Buch erzählt wird, trennen. Im Buch wird der Fokus auf den geheimnisvollen Koffer gelegt. Es endet nicht dort, wo die Flucht misslungen ist. Begriffe wie „Nationalsozialisten", „Jude" und „Deutschland" werden erst im Nachwort genannt, in dem der historische Hintergrund zur Geschichte kurz dargestellt wird; sie sind innerhalb der Geschichte bewusst weggelassen. Dadurch sollte eine universale Geschichte geschaffen werden, damit auch (junge) Leser ohne Hintergrundwissen über Walter Benjamin und die deutsche Zeitgeschichte einen Zugang zum Thema des Buchs finden können.

Von den Lesern habe ich auf meinen Lesereisen verschiedene Reaktionen auf das Buch erlebt. Die jüngsten Leser im Alter von etwa 7–10 Jahren sind meistens gebannt von der Figur des Herrn Benjamin und der Frage, was wohl in seinem Koffer drin gewesen sein könnte. Manche Kinder stellen Fragen zur Flucht und möchten gern mehr darüber erfahren.

Im Gespräch mit den erwachsenen Lesern ist mir aufgefallen, dass diese noch mehr an der Umsetzungstechnik und Machart des Buches interessiert sind als die Kinder. Manche Leser wurden durch das Buch auf den Philosophen Walter Benjamin aufmerksam, manche kannten ihn, aber haben neue Facetten von ihm entdeckt und nehmen das Buch als einen Einstieg für eine weitergehende Lektüre von und über ihn.

Politische Comics und gesellschaftskritische Bilderbücher sind äußerst selten. Wie beurteilen Sie die deutsche Literaturlandschaft für Kinder und junge LeserInnen, was Bücher mit politischem und kritischem Inhalt betrifft?

Das Fachmagazin BuchMarkt hat in seiner Ausgabe von März 2017 dazu Folgendes formuliert: „Die Welt scheint aus den Fugen. Mehr denn je brauchen wir Geschichten, die zum Nachdenken anregen und zu Gesprächen herausfordern. Politische Kinder- und Jugendbücher haben Hochkonjunktur." Das kann ich nur unterschreiben. Kinder und Jugendliche heute werden massiv mit Informationen über Krieg, Unruhe, Terror, Angst und Flucht konfrontiert, sowohl in den Massenmedien als auch im Schulalltag und in ihrer Nachbarschaft. Das verunsichert sie natürlich auch. Es ist notwendig, dass wir die jungen Leser nicht mit all diesen Informationen alleine lassen, sondern ihnen einen kindgerechten Zugang zu diesen Themen verschaffen. Um es mit den Worten von Mahatma Gandhi zu sagen: „Wenn wir wahren Frieden in der Welt erlangen wollen, müssen wir bei den Kindern anfangen." Verständnis zu schaffen und Dialog zu suchen, ist ein wichtiger und notwendiger Weg.

Entsprechend reagieren in den letzten Jahren auch Geschichtenschreiber, Künstler und Verlage mit beachtenswerten Kinder- und Jugendmedien, die sich mit diesen schwierigen Themen auseinandersetzen, zum Beispiel: *Djadi, Flüchtlingsjunge* (Beltz & Gelberg) von Peter Härtling, *Akim rennt* (Moritz Verlag) von Claude K. Duboi, *Ramas Flucht* (Gerstenberg Verlag) von Margriet Ruurs und Nizar Ali Badr, *Die Flucht* (NordSüd) von Francesca Sanna, *Der Pfad – Die Geschichte einer Flucht in die Freiheit* (cbj) von Rüdiger Betram und *Malala: Für die Rechte der Mädchen* (Knesebeck) von Raphaële Frier und Aurélia Fronty.

Ihr nächstes Buchprojekt befasst sich mit den Themen Religion, Krieg und einem möglichen friedlichen Zusammenleben. Können Sie uns etwas von dem erzählen, was die jungen LeserInnen in Ihrem neuen Buch erwartet?

Zurzeit arbeite ich an einem ganz besonderen Projekt gemeinsam mit der deutschen Autorin Antonie Schneider. Ihr leichter, poetischer

Text trägt den Titel „Wem gehört der Schnee?"; ich illustriere die Geschichte, bei der Schneider sich von der Ringparabel aus Gotthold Ephraim Lessings „Nathan der Weise" hat inspirieren lassen. In der Geschichte geht es um die drei Weltreligionen, deshalb kann sie ihren Schauplatz natürlich nur in Jerusalem haben. Sie handelt von Krieg und Frieden und auch von der Weltvorstellung, die einen prägt und die man an seine Kinder weitergibt – und stellt die Frage, ob ein friedliches Miteinander möglich ist. Wir hoffen, dass es nicht nur bei einem Wintermärchen bleibt!

Frau Chang, wir danken Ihnen für dieses Interview!

張蓓瑜專訪：探尋班雅明先生那卡行李箱的神秘二三事

張蓓瑜的書《班雅明先生的神秘行李箱》於 2017 年 1 月由蘇黎世的北南出版社出版（ISBN 978-3-314-10382-7），2017 年 5 月和 6 月也接連出版了英文版（北南，紐約，ISBN 978-073-58-4280-9）和葡萄牙文版（信之雲出版社，里斯本，ISBN 978-989-66-5229-6），中文版也由台北的三民書局於 2017 年 9 月由台北的三民書局出版。（ISBN 978-957-14-6328-5, 新台幣 349 元）

舉世聞名的哲學家帶著一只令人好奇的行李箱逃亡——在本書中發生了什麼樣的故事？您又是從何得到靈感，進而選擇華特·班雅明的逃亡故事作為主題？

內容：在這本繪本裡，讀者會和一位班雅明先生相遇，他是個腦子裡永遠充滿各式各樣與眾不同想法的哲學家。但是有一天，他的國家卻決定與眾不同想法是不被允許的，於是，他只得逃離他的家園，他帶著一只沉甸甸的行李箱上路了。沒有人知道箱子裡面到底裝了什麼東西，他們只知道，這箱子對班雅明先生來說非常重要，因為他寧願冒著生命危險，也堅持要保護它。很可惜，班雅明先生的逃亡計畫最後失敗了，他消失得無影無蹤，那只行李箱也跟著他一起消失了。所有的人都不停在猜測，這神秘的箱子裡到底放了什麼？而且，所有的人都相信，箱子裡面裝的東西，肯定非常與眾不同。

構思:2015 年的夏天，我正著手準備以「流亡」為題材，創作兒童繪本，當時，歐洲媒體不斷的報導難民議題，政治人物、媒體、民眾各持觀點。而我還在苦思如何找到一個特別的切入點，我該怎麼說這個故事，才不會把這些歷經流亡、逃難的人們，僅僅化約為「難民」一個詞彙？

很幸運的，這本書的故事藍本，竟然自己找上門來！當時，我到德國現代文學博物館（Museum of Modern Literature）參觀以「原件的價值」為主題的展覽，展覽中有段文字描述了哲學家華特・班雅明在逃亡失敗後，他攜帶的那只皮箱竟然從此下落不明，至今仍是學術界的待解之謎。

這立刻引起了我的好奇，回家後，我開始搜羅史料，越挖掘越發現這個歷史事件實在太吸引人：人們為了守護自由可以有多強大的意志和力量、籠罩著那只行李箱的謎團、班雅明與當今難民命運的多重交疊……

這個歷史事件中的各種面向和豐富性，讓我覺得非常有意思，最終我決定以它為我的故事藍本，進行改編。

您書中的圖像設計有別於其他繪本，您是使用什麼樣的創作技法？這本書的產生過程又是如何？

在這本書裡，我使用的是拼貼技法，我混合了色鉛筆、壓克力畫、印章、又摺又剪又貼的，是純手做和較為實驗性的工作方式。簡單描述這本繪本的產生過程:在進入繪畫之前，我花了蠻多時間收集和閱讀關於班雅明和其流亡過程的史料，這段時間裡，我也一邊把覺得可以放進構圖和整體圖像氛圍的元素，用簡短的文字整理出來。接著，我開始畫粗略的草圖，大概只有郵票的大小，覺得哪幾張草圖不錯，再用大一點的尺寸畫的仔細些。

同時間，我也一邊收集圖像、紋路、以及收集資料的過程中找到的各種素材，接著，我開始用這些東西，在素描本裡玩一些自由的拼貼實驗，嘗試不同風格和色彩的表現性，幫助我決定想要的方向。

　　實驗遊戲結束後，就開始正式繪製插畫了。相較於其他媒材，拼貼畫是允許很多「偶然」和「意外」發生的，甚至很仰賴「偶然」和「意外」帶給圖像的趣味和效果。所以，其實我的草稿大部份都蠻簡略的，對我來說，它比較像是方向指引，真正的實質的東西還是發生在拼貼作品的過程中。

　　色彩在我的作品裡，扮演很重要的角色，尤其是這樣的故事內容。我不喜歡把顏色理解為被賦予固定意義的象徵，比如紅色代表愛情，藍色代表憂鬱。對我來說，顏色是中性的，就像我們在大自然裡經驗到的一樣，把它放在不同的環境脈絡裡，它會帶給我們不同的氛圍和意義。

　　這是一個沒有孩童，也沒有動物的故事，而這兩類正是童書中能夠讓兒童產生認同心理的角色。一方面為了能夠帶領兒童進入故事，一方面希望能反映出華特・班雅明的精神世界，所以，我用了華特・班雅明喜愛的俄羅斯玩具，做為書中人物造型的參考。

　　還有一個創作元素，對我也很重要，那就是字體。故事、意識形態、思想、記憶是主觀的，都由「字」所組成。所以在這本書裡面，我沒有使用單一字體來表述一種聲音，故事敘述者、士兵、逃難者、山村裡的居民都有他們自己的聲音，所以我用了不同的印刷字體、印章蓋出來的字、剪貼字、手寫字等等方式來表現。

納粹主義的非人道的暴力讓華特・班雅明的人生有著令人難過的結局。您覺得這本書會帶給兒童及其他讀者什麼樣的感覺？

　　首先，我想我們必須將史實和這本圖畫書中的故事分開討論。這本繪本的焦點是放在神秘的行李箱上，故事沒有在逃難失敗時結束，並且，故事中刻意避開諸如「國家社會主義者」、

「猶太人」、「德國」等等詞彙，一直到後記介紹歷史背景時，才簡短提到。這樣處理的用意，是希望這個故事有一定的普遍性，讓兒童即使不認識華特·班雅明，即使不了解德國歷史，依然能夠理解、進入這本書的核心主題。

　　做繪本讀書會的時候，我的讀者給了我許多不同的反應，七歲到十歲的小讀者通常會著迷於班雅明先生這個角色，一直在猜行李箱裡面裝了什麼，但也有些小朋友會問我一些關於逃亡的問題，想了解更多相關內容。

　　相較於兒童讀者，和成人讀者對談的時候，我留意到他們對這本書的創作技法和表現方法也非常有興趣。有些成人讀者因為這本書而認識了哲學家華特·班雅明，有些讀者雖然認識華特·班雅明，卻因為這本書發現了其他新的面向，以這本書為起點，開始閱讀其他華特·班雅明的相關著作。

政治性漫畫和批判社會的繪本非常罕見。對於德國兒童青少年文學媒體在政治性及批判性讀物上的表現，您如何評價？

　　德國《書市》雜誌在 2017 年三月號做了下列表述：「世界動盪不安，沒有什麼時刻比現在更需要能夠引發我們沈思、挑戰我們與彼此對談的故事。政治性童書和青少年讀物正在遍地開花。」對此，我深有同感，今天（歐洲的）兒童和青少年，從大眾媒體、校園、生活環境裡，不斷接收到關於戰爭、局勢動盪、恐攻、恐懼、逃亡的大量資訊，這當然也會讓他們感到不安，我們的確不應該讓他們獨自面對，相反的，我們應該為他們找到適合他們年齡層的角度，來了解這些議題。如果用甘地的話來說，就是：「假如我們希冀世界上能有真正的和平，我們就得從兒童開始。」幫助兒童理解、和他們對話，是重要也必要的途徑。

　　對此，過去幾年也紛紛有作家、藝術家、出版社用出色的童書和青少年讀物作出他們的回應，成功挑戰這些困難的題材。例如彼得·赫爾德林(Peter Härtling)所著的長篇小說《落跑男孩賈地》、克羅德·杜柏的《阿金快跑！》、瑪格麗特·茉蘿絲和尼扎爾·阿里·巴德爾共同創作的《拉馬的逃難記》、法蘭切絲卡·

桑娜創作的《旅程：在尋找家的路上》、呂迪哥・柏幣的長篇小說《路徑：通往自由的逃亡之旅》以及拉菲艾爾・弗利葉和奧黑莉婭・馮媞共同創作的《馬拉拉：女權小鬥士》。

您的下一個出版計畫將探討宗教、戰爭及和平共存的可能性。您可否向我們說明，年輕讀者在您的新書中，可以期待什麼樣的內容？

我目前正在進行的繪本是共同創作，合作對象是德國作家史奈德（Antonie Schneider），這是個輕巧、充滿詩意的故事，書名是《這是誰的雪？》。靈感來自德國劇作家萊辛（Gotthold Ephraim Lessing）作品《智者納坦》（Nathan der Weise）中的「戒指寓言」（Ringparabel）。這個故事關於政爭與和平，也探討我們對世界的想像對我們有什麼影響，我們給我們的下一代怎麼樣的世界觀？和平共存是可能的嗎？希望這不會只是個冬天的童話！

張小姐，謝謝您接受我們的採訪！

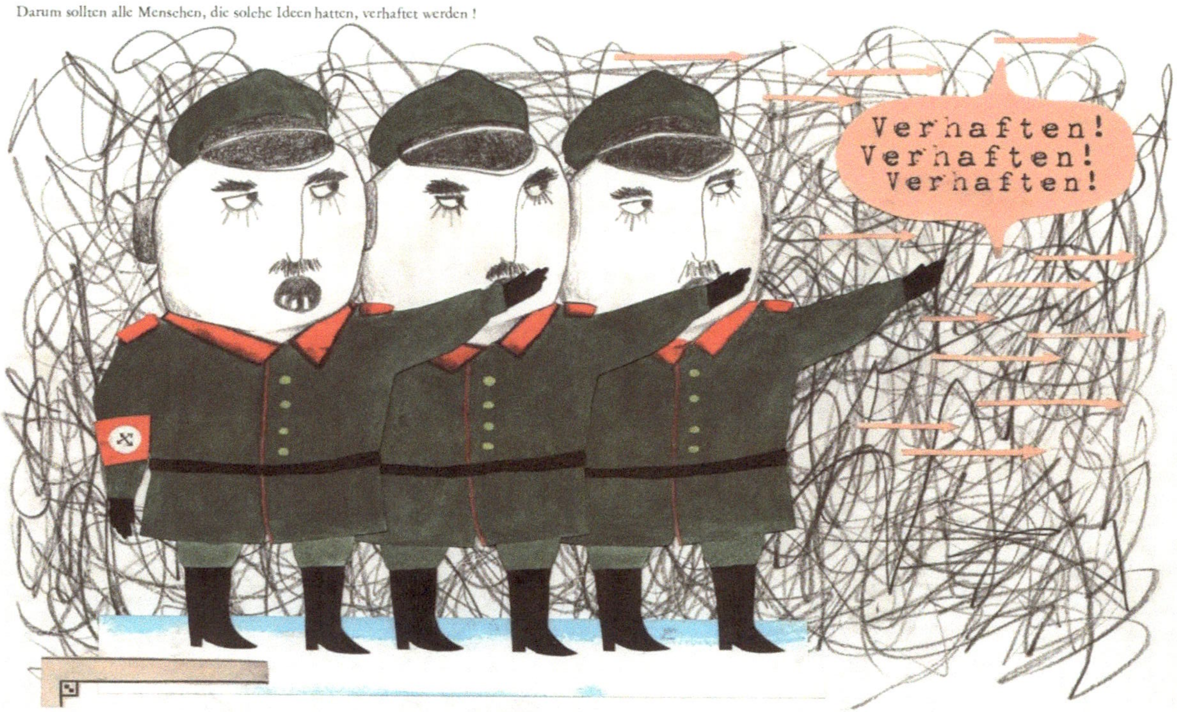

所以，有這些想法的人都應該要被逮捕。

「逮捕他！逮捕他！逮捕他！」

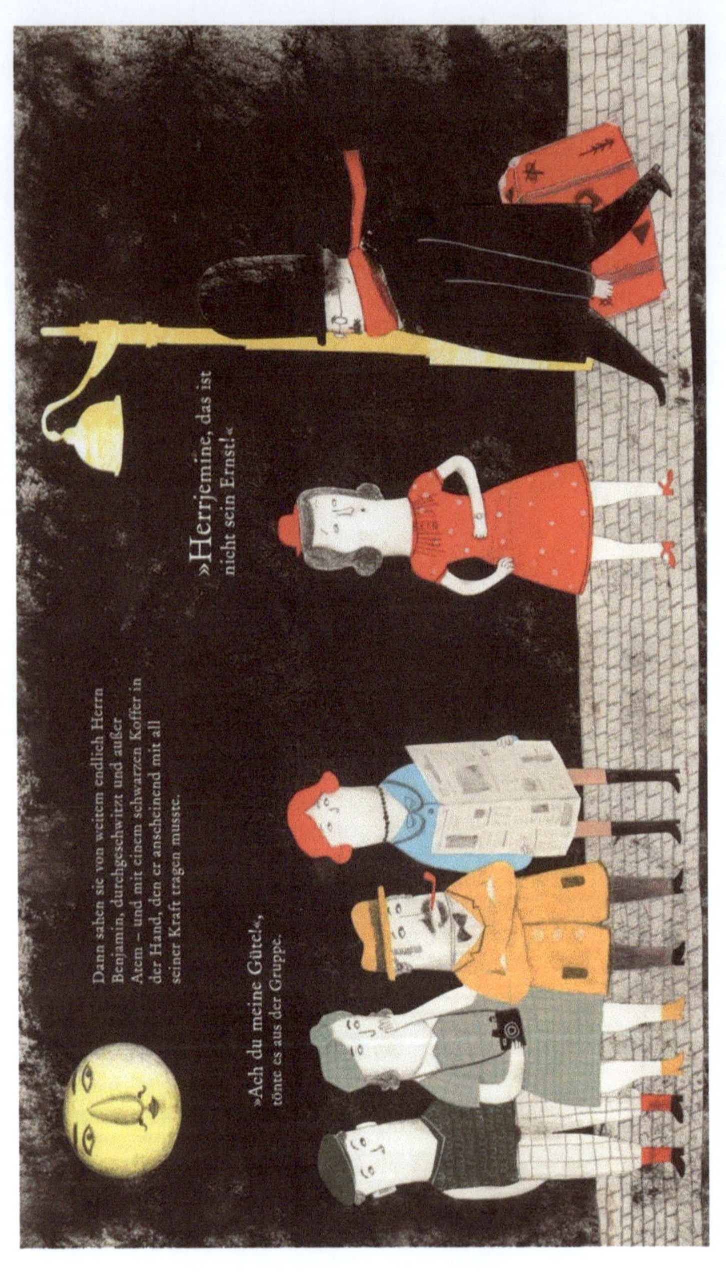

終於，遠遠的，他們看到班雅明先生上氣不接下氣的趕來，全身都被汗水浸得溼透了，而且，手裡還提著一個沉重的行李廂，他好像得用盡全身的力氣才提得動那個箱子呢！
「我的老天爺！」人群裡發出驚呼聲。
「哎呀，他不是認真的吧！」

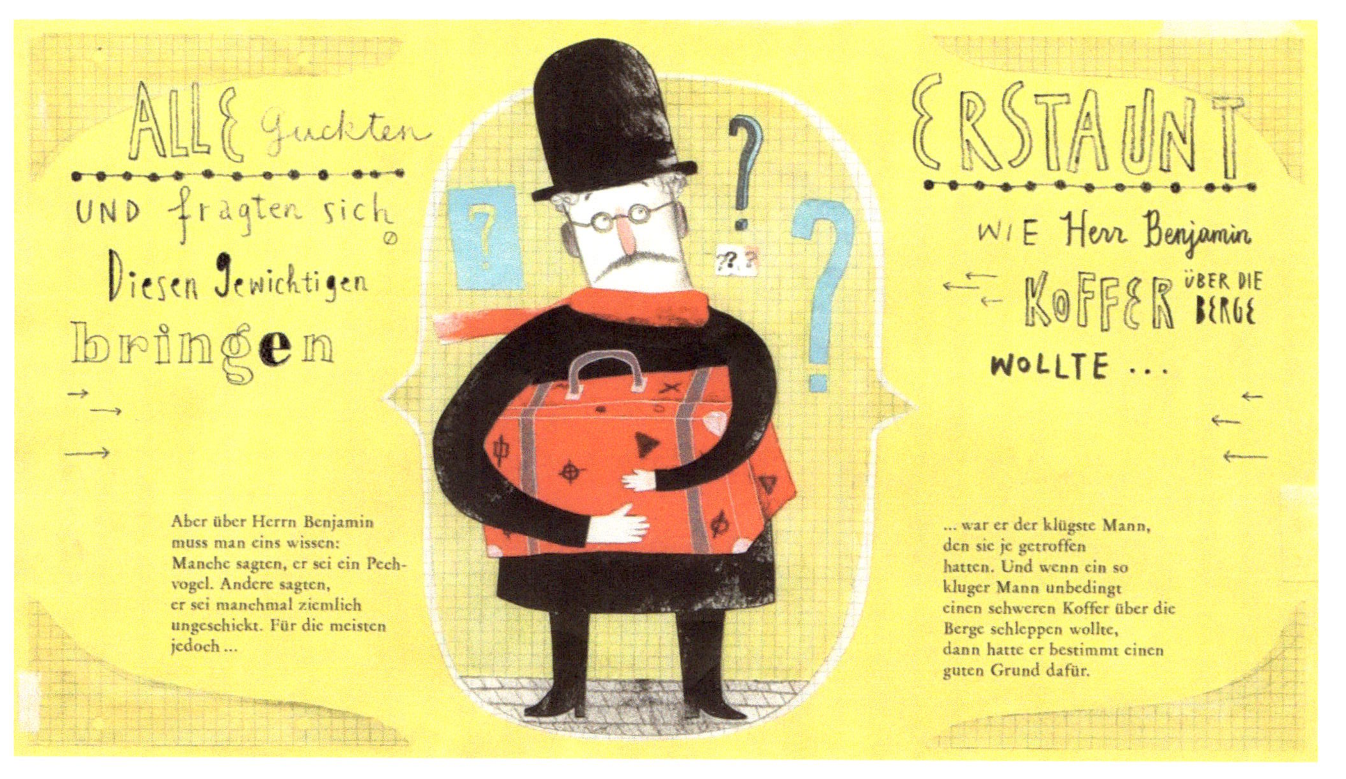

所有人都非常驚訝的看著班雅明先生，他們很納悶，班雅明先生打算怎麼帶著這個沉重的箱子翻山越嶺呢？

Pei-Yu Chang,
„Der geheimnisvolle Koffer von Herrn Benjamin"

Herr Benjamin verreist. Das könnte man zuerst meinen, wenn man sich das Cover des wunderschön gestalteten Bilderbuchs von Pei-Yu Chang „Der geheimnisvolle Koffer von Herrn Benjamin" ansieht, welches 2017 im NordSüd Verlag auf Deutsch erschienen ist.
Pei-Yu Chang wurde 1979 in Taipeh geboren und studierte Deutsche Kultur und Sprache und Literaturwissenschaften. Bei Prof. Felix Scheinberger (Münster) absolvierte sie ihr Illustration-Studium.
Herr Benjamin also. Der hier dem Leser vom Buchcover entgegenzwinkert, das eine Auge noch geschlossen, mit seiner Nickelbrille und seinem schwarzen Hut. Er hat den Zeigefinger vor die Lippen gelegt, ich lausche, offensichtlich hat er etwas zu verheimlichen.
Mit verschiedenen Ausdrucksformen der Kunst begegnet uns die Autorin auf den ersten Blick. Herr Benjamin ist gezeichnet und gemalt, geklebt, gefaltet und ausgeschnitten. Wenn man die erste Seite aufschlägt, steht da: „Nach einer wahren Geschichte über Walter Benjamin." Der informierte Leser wusste es schon vorher. Er hat Walter Benjamin bereits erkannt.
Walter Benjamin wurde 1892 in Berlin geboren und war ein deutsch-jüdischer Philosoph, ein Suchender und Reisender, ein außergewöhnlicher Querdenker, Archivar und Schriftsteller. Auf der Flucht vor der Schreckensherrschaft der Nazis, angeschwemmt im Grenzbereich, nach einer beschwerlichen Flucht über die Pyrenäen nach Spanien und angeführt von Lisa Fittko, die auf dieser Route Tausende in die Freiheit führte, wählte Walter Benjamin nach Hindernissen bei der Weiterreise 1940 den Freitod. Er wurde 48 Jahre alt.
Kein leichtes Thema für ein Bilderbuch, dass sich an junge Leser ab 6 Jahren richtet, laut Verlag.
Das Buch ist bibliophil gestaltet. Vom Format leicht größer als ein normales Bilderbuch, mit 48 Seiten, besticht es durch seine ausdrucksstarke, fast naive Bildsprache. Mit sparsamen Textpassagen, teils grotesk gezeichnet, mit kontrastreichen und blassen Tönen ist der

Autorin eine bemerkenswert leise Hommage an Walter Benjamin und die Geschichte seiner letzten Reise gelungen.

In der Geschichtsschreibung munkelt man von einem Koffer, den Walter Benjamin während seiner Flucht bei sich trug. Der Autorin ist in einem Museum in Süddeutschland ein Exponat begegnet, welches sie im Folgenden so beschäftigte und faszinierte, dass sie die (Bilder-)Geschichte um Herrn Benjamins Koffer daraus machte.

Auf den ersten Blick eine lustige Geschichte, mit einem fröhlichen, alten Mann mit wirren Haaren. Er könnte losreisen, mit seinem riesigen Koffer und die verschiedensten Begegnungen und Geschichten von seiner Reise mitbringen. Er würde von abenteuerlichen Dingen erzählen können und den einen oder anderen Schatz aus dem großen Koffer zaubern. ... Das könnte man meinen.

Aber es kommt ganz anders. Sehr schnell spürt man etwas Befremdliches und eine leichte Bedrohung. Schon auf der zweiten Seite der Geschichte wird deutlich, dass es Menschen mit brillanten Ideen aller Art zu verhaften gilt. In einer Zeit, die auch morgen sein könnte, lebt Herr Benjamin in einer großen Stadt, in der es von Soldaten nur so wimmelt. Plötzlich ist er auf der Flucht. Frau Fittko, die sich da ganz gut auskennt, immer wieder Trecks organisiert, erklärt ihm, worauf zu achten ist, was einen guten Flüchtling ausmacht und wie man sich in Unauffälligkeit übt.

In einer Flüchtlingsgruppe will sie die Fliehenden ins andere Land führen.

Am Tag der Flucht kommt Herr Benjamin viel zu spät zum Treffpunkt. Und auch noch mit einem großen, unhandlichen, schweren Koffer. Er weigert sich, den Koffer zurückzulassen. Er ist ihm wichtiger als sein eigenes Leben. Widerwillig dann, könnte man meinen, bricht die Gruppe trotzdem auf. Mit Herrn Benjamin und seinem geheimnisvollen Koffer. Und nach den tagelangen Strapazen, bergauf und bergab, ... irgendwann sind Herr Benjamin und sein geheimnisvoller Koffer verschwunden.

Jahre später machen sich andere kluge und nicht so kluge Köpfe Gedanken darüber, was nur in dem Koffer war. Der eine wusste das zu berichten und der andere jenes. Aber was wirklich in dem Koffer war, wird für immer ein Geheimnis bleiben.

Walter Benjamin war überzeugt davon, dass man Gesellschaft nur ändern kann, wenn man Kindern die richtige Botschaft vermittelt. Eine subtile, einfühlsam zarte Archivierung in Form eines Bilderbuchs seiner über den Tod hinaus tragischen Geschichte hätte ihm sicher sehr gefallen. Dieses außergewöhnliche Bilderbuch wirkt lange nach, und egal ob groß oder klein, heute oder morgen, es vermittelt auf ganz großartige Weise, auf was es ankommen kann, in so einem Leben.

Konstantin Klingberg, Mai 2018

張蓓瑜　《班雅明先生的神秘行李箱》

張蓓瑜的《班雅明先生的神秘行李箱》是一本設計非常瑰麗的故事繪本，單看封面會以為班雅明先生要出門去旅行。

本書的德文版於 2017 年在北南出版社（NordSüd Verlag）出版，作者張蓓瑜 1979 年生於台北，後來主修德國文化、語言及文學研究，並於 2016 年於德國明斯特（Münster）大學拿到插圖藝術學位，指導教授為插圖藝術專家菲利克斯·許茵柏格 （Felix Scheinberger）教授。

班雅明先生在書的封面上對讀者眨著眼，眼睛還半閉著，他戴著一副圓形眼鏡和一頂黑帽子，食指放在嘴唇上；我凝神聆聽，他顯然有什麼不可告人的秘密 。

作者在書中運用不同的藝術表達技法：手繪、彩繪、黏貼、摺紙、剪紙等不一而足。翻開第一頁，我們讀到「本書取材自華特·班雅明的真實故事」，其實知情的讀者早就認出華特·班雅明了。

華特·班雅明 1892 年生於柏林，是德國猶太哲學家、史實記錄者與作家，喜愛旅行、探索，思想出奇非凡。1940 年他為逃避納粹恐怖統治，跟隨莉莎・菲特科（Lisa Fittko）歷經千辛萬苦跨越庇里牛斯山到達西班牙；菲特科女士曾帶領好幾千人經這路線到達自由地區，但滯留邊界時，班雅明因行程受到阻礙而選擇自殺，享年 48 歲。

對故事繪本而言，這絕不是個簡單的題材，何況根據出版社的註記，這本書設定的對象是六歲以上的小讀者！

本書設計精美，比一般故事繪本稍大、共 48 頁，強勁的表現力與近乎天真的視覺語言的結合引人入勝。書中文字段落不多，部分畫法怪誕，運用了許多對比與粉彩色，作者刻意含蓄地向班雅明以及他人生的最後一段旅程，表達她的敬意。

相傳班雅明在逃亡時攜帶了一個神秘的行李箱；作者張蓓瑜曾在南德博物館見到一個展出的行李箱，此展品令她印象深刻，激發了她的想像，而以班雅明的行李箱為題材，創作了此故事繪本。

乍看之下，這是一個好玩的故事，滿頭亂髮的老先生，樂呵呵的要去旅行。他的大行李箱將收集途中各種不同的際遇與見聞，回來時他會分享他的冒險故事，並從大行李箱裡拿出不同的稀奇珍寶…不是嗎？

其實不然，讀者很快感受到一股說不出的險惡氣氛，故事的第二頁就已顯示，有想法的人都逃不了牢獄之災。在某個不知名的年代 － 也可能就是明天 － 班雅明先生住在一個軍隊聚集的城市，突然，他必須逃命；經驗豐富、常帶領人們逃難的菲特科女士教班雅明要注意什麼、怎麼扮成難民、還有怎樣才不會引人注意。

她集結了一批逃難的人，要帶領他們去別的國家。

出發當天，班雅明先生很晚才到集合地點，而且還帶著一個笨重、難搬運的行李箱！他拒絕丟下這個行李箱，把它看得比自己的命還重要。同行眾人的厭惡不耐，是可以想像的，但大家還是上路了，包括班雅明先生與他的神秘行李箱。連日艱辛的翻山越嶺、長途跋涉後，不知何時，班雅明先生和他的神秘行李箱竟然消失了！

多年後，聰明人也好，笨人也好，都絞盡腦汁，苦思那個行李箱裡到底是什麼。儘管眾說紛紜，但真相將永遠是個謎。
班雅明深信，只有給小孩正確的觀念，才能改造社會。這本充滿巧思、感性溫婉的書，藉著圖畫表現班雅明充滿悲情的一生，他若天上有知，一定會很喜歡。這本與眾不同的故事繪本影響深遠，無論大人小孩、今天或明日，它以它獨特的方式告訴我們，人生中遇到像班雅明這樣的處境時，甚麼才是最重要的。

康斯坦丁・克林柏格 ，2018 年 5 月

Künstlerische Arbeit mit Antikriegsmotiv: Wir sollten den Frieden zwischen den Menschen aufrechterhalten!

In diesem Semester nahm ich an einem nationalen Wettbewerb teil. Weil dieser landesweit war, hatte ich darüber nachgedacht, wie ich noch mehr Menschen das Konzept dieses Werkes mitteilen kann. Ich hatte das Konzept „Krieg" gewählt. Selbst bis in unsere Jahrzehnte gibt es nach wie vor mal größere und mal kleinere Kriege. Es gibt sogar einige Länder, die ihre militärische Ausrüstung verstärken und damit ihre Macht zeigen möchten. Aber heutzutage leben wir noch in einer sehr friedlichen Zeit, deswegen möchte ich denjenigen Menschen, die einen Krieg beginnen möchten, denjenigen, die Waffen entwickeln, und auch denjenigen, die „nur" andere unterdrücken möchten, mitteilen, dass es noch sehr viele Menschen auf der Welt gibt, die sich in einer schwierigen Situation befinden. Manche Menschen leiden weiterhin unter Hunger, manche sind obdachlos, manche verlieren ihr Leben aufgrund der Kämpfe von anderen oder von Kriegswirren, und manche sterben infolge von Krankheiten. Meine Professorin Tai, Li-Chen (Department of Digital Content Application and Management der Wenzao-Universität) hat die Erstellung dieses Werks geleitet und mir beigebracht, dass „Gelb" eine Farbe für Frieden ist. Ich möchte Menschen durch diese völlig in Gelb gehaltene, mit allen Arten von Zeichen versehene Zeichnung mitteilen, dass die fähigen Menschen sich mehr um die Unfähigen kümmern und sie damit ihren Beitrag leisten sollten. Und ich hoffe, dass jeder „den Frieden" zwischen den Menschen aufrechterhalten kann.

Wang, Yu-Kai, Mai 2018

反戰主題的藝術作品：人與人之間應該維持和平。

　　這學期我參加一個全國性的比賽，因為是全國性的，所以我思考要如何在作品中帶給更多人一個理念，我選擇了「戰爭」。即使到了近幾十年，仍然有一些大大小小的戰爭，甚至有些國家加強軍武設備，想要表示自己的國家強大。但現在仍是一個頗為和平的時代，因此我希望透過這幅畫，告訴那些想要引起戰爭的人、開發軍事武器的人，甚至是小到那些想要欺負別人的人：仍有很多地方的人處於弱勢。有些人仍然飢餓，有些人無家可歸，有些人因為別人的爭鬥或是戰亂喪失性命，甚至有些人因為疾病而死亡。戴莉蓁教授（文藻數位內容應用與管理系）指導這個作品，並教導我「黃色」是和平的象徵。我想要透過這幅充滿黃色與各式象徵的圖畫，去告訴那些有能力的人，多關懷沒有能力的人，並盡一份力量，也希望人與人之間可以維持和平。

王昱凱　2018 年 5 月

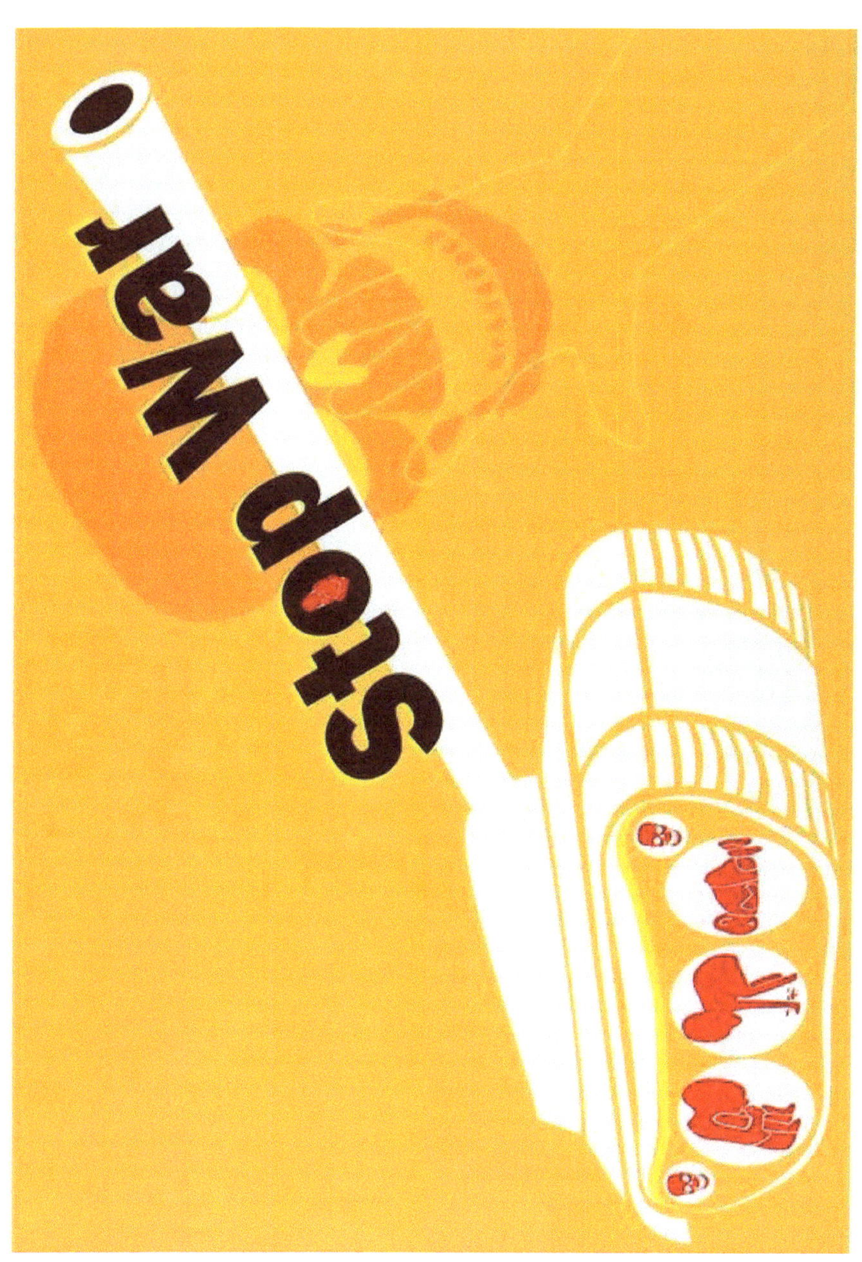

Stop War

„Blitz" von Wang, Han-Chiao
– ein Comic über Umweltschutz und einen unbekannten Helden

Der Ursprung von „Blitz"

Während des Studiums fuhr ich immer mit dem Bus, weil ich kein anderes Verkehrsmittel hatte. Ich hätte einen Motorroller haben können, aber ich wollte das nicht. Denn es ist interessant, die Gebäude, die Bäume, die Leute und das Wetter zu beobachten. Wenn man mit einem Motorroller fährt, dann kann man das nicht machen. Wegen dieses Hobbys habe ich „Blitz" entworfen.

In der Nähe von meinem Wohnort gibt es eine Brücke. Der Bus fuhr immer an dieser Brücke vorbei und es gab immer einen schwarzen Vogel, der auf dem Brückenzaun saß. Er war immer da und guckte oft zu einem Wald, der neben der Brücke ist. Deshalb war ich von diesem Vogel sehr beeindruckt. Ich dachte oft an ihn und stellte mir vor, dass er aus diesem Wald kam, was er jeden Tag sah, wo er lebte und wieso er immer allein war. Vielleicht hatte er keine Familie und keinen Wohnort. Oder er hauste einfach auf dem Zaun. Nach und nach baute ich schon eine kleine Geschichte in meinem Kopf auf.

Eines Tages habe ich eine Nachricht über Umweltschutz gelesen. Ein Unternehmen baute ein Gebäude illegal auf einem Umweltschutzgebiet und zerstörte dieses Ökoparadies. Die Umweltschützer legten gegen dieses Vorhaben Protest ein. Dennoch war dies alles unwirksam, weil die Bonzen vor Gericht immer gewonnen haben. Wegen der Unersättlichkeit der Menschheit waren die Tiere plötzlich obdachlos. Das ist ein Trauerspiel. Daraufhin dachte ich plötzlich an den schwarzen Vogel. Ich wollte diesen Vogel sehr gern zeichnen, aber ich hatte keine Vorstellung davon, wie ich die Geschichte dieses schwarzen Vogels darstellen konnte.

Als ich im vierten Jahr an der Uni war, veranstaltete mein Lehrer André Maertens eine Comic-Werkstatt. Mein Lehrer lud mich ein, an der Werkstatt teilzunehmen. Deswegen hatte ich eine gute Chance, die Idee des schwarzen Vogels zeichnerisch zu verwirklichen. Bei der Werkstatt hatte ich zwei Partner, Willy und Eleni. Willy half mir, mein Skript zu übersetzen, und Eleni half mir, die Texte meinen Zeichnungen hinzuzufügen. Ich danke André dafür, mir diese Chance gegeben zu haben, und meinen Partnern dafür, mir geholfen zu haben.

Zum Inhalt von „Blitz"

Es gab einen schwarzen Vogel. Er hieß Drake und lebte in einem Wald. Dieser Wald war ganz besonders, denn die Vögel, die in diesem Wald lebten, waren vorher obdachlos. Die Menschen hatten ihren früheren Wald zerstört. Deswegen flüchteten sie in diesen Wald. Eines Tages wurde Drake von einem Blitz getroffen. Wegen dieses Unfalls war sein halbes Gesicht verschandelt – er hatte jedoch die Kraft des Blitzes. Aber wegen der Verunstaltung seines Gesichts stießen ihn die anderen Vögel aus. Daraufhin blieb er auf dem Hügel, der hinter dem Wald lag. Dort gab es einen elektrischen Zaun. Drake stand manchmal auf diesem Zaun, weil er den Strom absobieren musste, um sein Leben aufrechtzuerhalten, und weil er dort aus großer Höhe den Wald überschauen konnte. Bei einer Gelegenheit lernte er ein Mädchen namens Jamie kennen. Jamie war Studentin und lag jeden Tag auf dem Hügel, um sich zu entspannen. Dort traf sie Drake.

Es gab ein Unternehmen mit dem Namen Lotus. Der Chef dieses Unternehmens wollte den Wald zerstören, um dort ein Hotel zu bauen. Als Jamie die Nachricht erfuhr, informierte sie Drake. Er benutzte seine Blitzkraft, um die Bauarbeiter aufzuhalten. Er hielt das Unternehmen viele Male auf. Nachdem der Chef von Lotus davon gehört hatte, dass die Bauarbeiter immer unbegreiflicherweise aufgehalten wurden, sammelte er alle seine Arbeiter, weil er den Wald in einem Tag zerstören wollte. Jamie erfuhr davon und ging sofort zu Drake. Als Drake darüber Bescheid wusste, absorbierte er den Strom der ganzen Stadt in seinen kleinen Körper, und bei dem folgenden Angriff ging er mit allen Bauarbeitern und dem Chef von Lotus zusammen unter. Aber die Vögel, die im Wald lebten, erfuhren nichts davon, dass Drake sie beschützt hatte. Nur Jamie wusste von Drakes Opfer. Jamie erbte den Geist Drakes und nahm an der Umweltschutzgruppe teil, um die Tiere und die Wälder zu unterstützen. Nach fünf Jahrzehnten kaufte Jamie schließlich den Wald Drakes, um ihn zu schützen.

Ich möchte diese Geschichte verwenden, um die aktuelle Situation in der Gesellschaft zu reflektieren. Viele Tiere wurden wegen menschlicher Gier vertrieben und die Ökologie zerstört. Es gibt jedoch immer noch Leute, die den Mut haben, sich gegen die großen Holdings zu stellen. Mit diesem kleinen schwarzen Vogel, der einen großen Gerechtigkeitssinn hatte, möchte ich das Gewissen der Menschen aufwecken, weil ich glaube, dass jeder Drake im Herzen hat.

〈閃電〉── 原創：王翰僑
一部關於環境保護及一位無名英雄的漫畫

〈閃電〉的由來

在學期間，我幾乎都是搭公車交通，因為我沒有任何交通工具。我其實可以買台機車，但我不想，原因是我喜歡觀察建築、樹、人還有天氣，我覺得這些都頗有趣，如果我騎機車交通的話，我就沒辦法觀察我喜歡的人事物了。由於這個興趣，〈閃電〉才得以誕生。

在我住處附近有一座陸橋，搭公車時司機都會經過它，每次經過時，都會看見一隻黑色的鳥停在陸橋的圍欄上。他都會停在那，俯視陸橋旁的一座森林。因此我對他印象深刻。我時常想著他，甚至開始想像，想像說他其實是來自那座他每天俯視的森林，但為甚麼他會每天看著那他每天生活的地方，為甚麼他總是獨自一鳥？或許他沒有家人，沒有安身之處又或是那柵欄就是他的家。漸漸的，這些想像逐漸在我腦中成了一個小故事。

有一天，我讀了一則關於環境保護的新聞：一間企業在一座環境保護區非法建地並破壞了當地的生態。環保人士群起抗議這計畫，但還是難以力挽狂瀾，因為在法律前，黑心企業家總是贏家。由於人類的貪得無厭，讓這些動物突然之間失去了家，這是場悲劇。突然間我想起了那隻黑鳥，我想把他畫出來，但我沒有任何想法，沒有任何可以把他成呈現出來的想法。

在我大四那年，我的老師梅安德組織了一次漫畫研習營，他邀請我參加，因為這個研習營我有了一個好機會把這隻黑鳥用畫的方式呈現出來。在這研習營我有兩位同伴，Willy 及 Eleni。Willy 幫助我將腳本翻譯成德文而 Eleni 則幫我嵌字。我很感謝梅安德老師給我這機會，也感謝幫助我的同伴們。

〈閃電〉的故事大綱

有隻黑鳥，名喚德雷克，住在一座森林裡，這座森林很特別，因為住在這座森林的鳥類們之前都是無家可歸的。由於人類將他們的森林摧毀，因此他們逃難到這座森林。

一天，德雷克被一道閃電擊中，因為這場意外造成他半邊毀容，但卻因此擁有閃電的力量。由於他半邊被毀容的關係，其他鳥類開始排擠他，因此他獨自到森林後面的一座小山丘上生活。那小山丘上有一排電網，德雷克常常站在那電網上，因為他必須吸取電力維生。一次因緣際會之下，他結識一位女孩"傑米"。傑米是一位學生，她常常躺在小山丘上偷閒，因此她才在那遇見德雷克。

有間名叫〈蓮〉的企業，企業的老闆想將這座森林剷平在上面蓋一座飯店。傑米知道這消息之後，便通知德雷克，德雷克運用了他閃電的力量，阻止了建設工程，他阻止了這企業許多次。當〈蓮〉的老闆知道建設工程常常莫名的被阻止之後，他就召集了旗下所有工人，計畫一天把那座森林剷平。傑米知道此事後就速速通知德雷克，德雷克知曉之後，就將整座城市的電力吸收到他那小小的身軀，帶著全部的力量衝向那些工人跟老闆與他們同歸於盡。但是那些生活在森林裡的鳥類們都不知道德雷克保護了他們，只有傑米知道德雷克的犧牲。傑米繼承了德雷克的精神，為了保護森林跟動物，她參加了環境保護組織。五十年之後，傑米終於買下德雷克保護的森林，也保護了它。

　　我想利用這故事反映現在社會上的問題，許多動物因為人類的貪而被驅趕，生態被破壞。但總是有一些人，一些有勇氣的人，站出來隻身對抗大財團。我想藉著這隻心中有大義的黑鳥，喚醒人們的良知，因為我相信每個人的心中都有一隻德雷克。

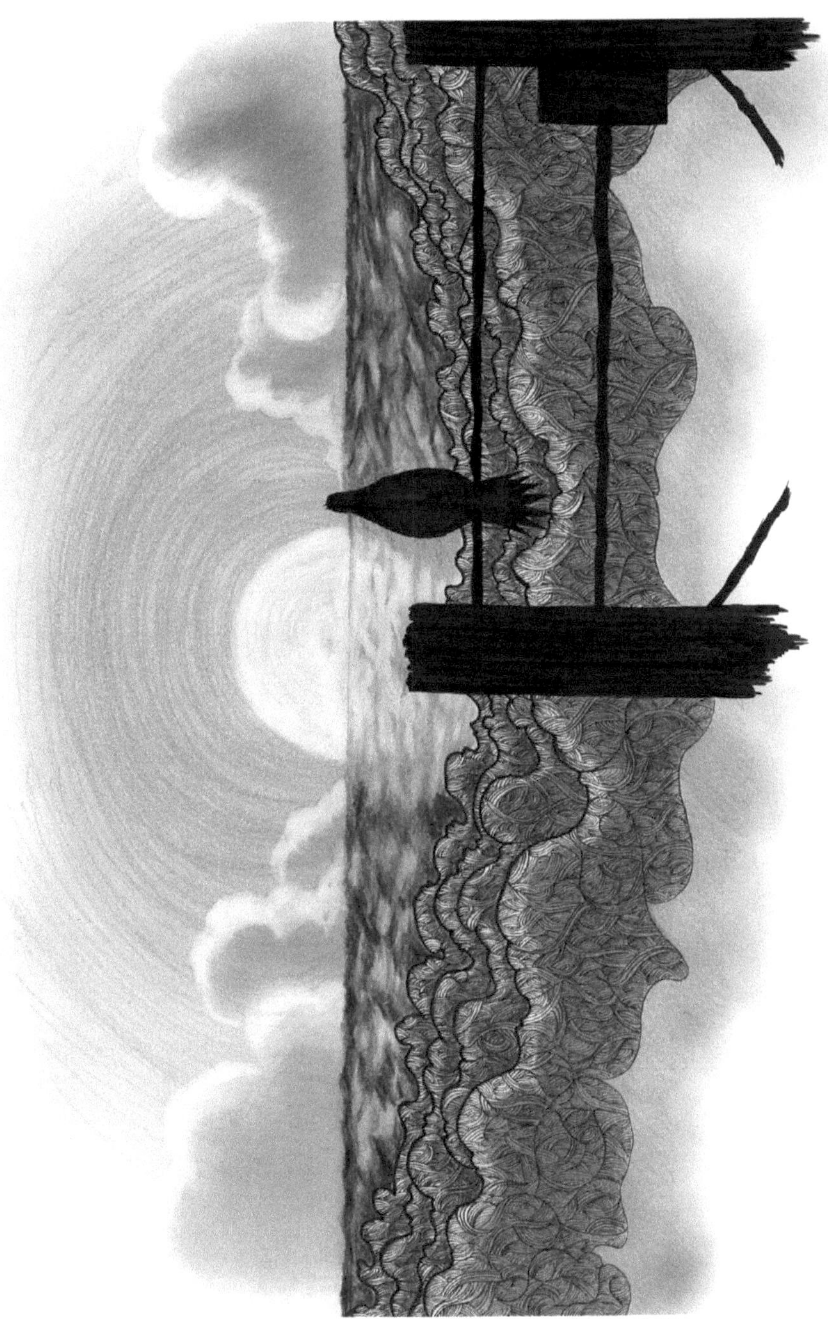

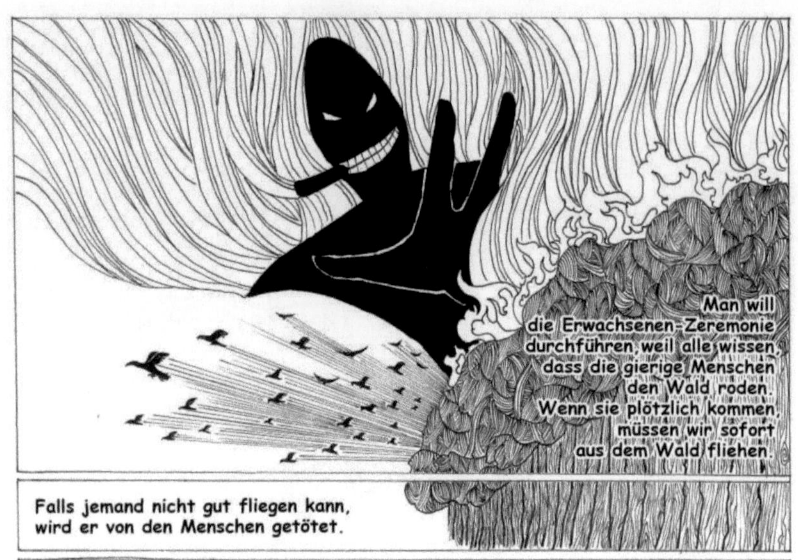

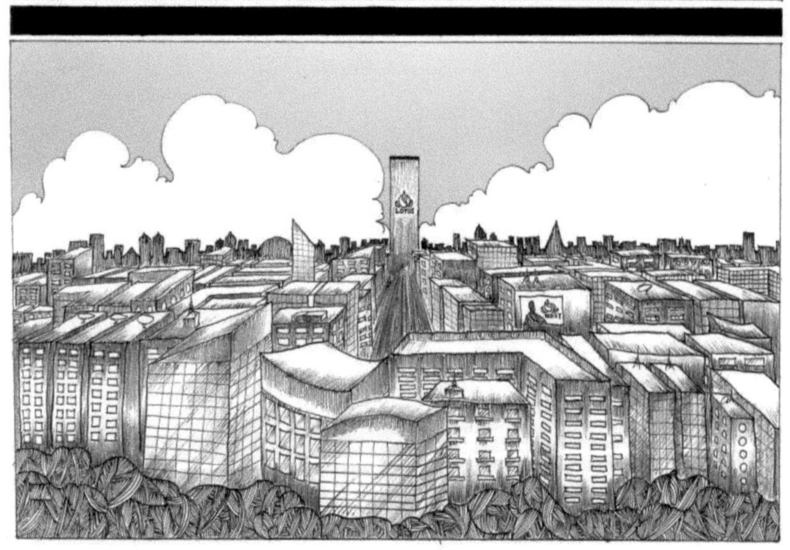

若是飛行能力不足的話，
就會像我父母一樣，

死於人類之手……

大家決定這成年禮也不是沒道
理的，因為大家都知道，貪婪
的人類其實想開發這塊森林，
若是他們突然來襲，我們勢必
要馬上逃離這座森林。

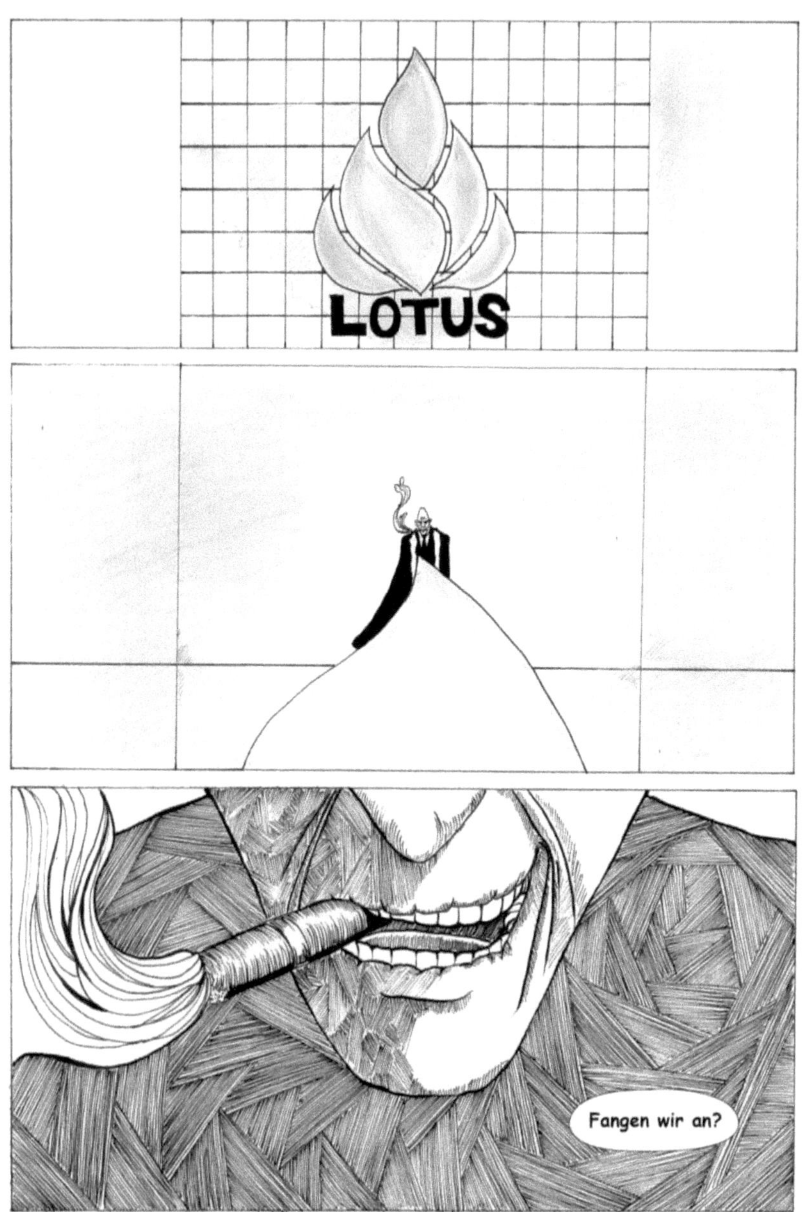

可以開始了吧？

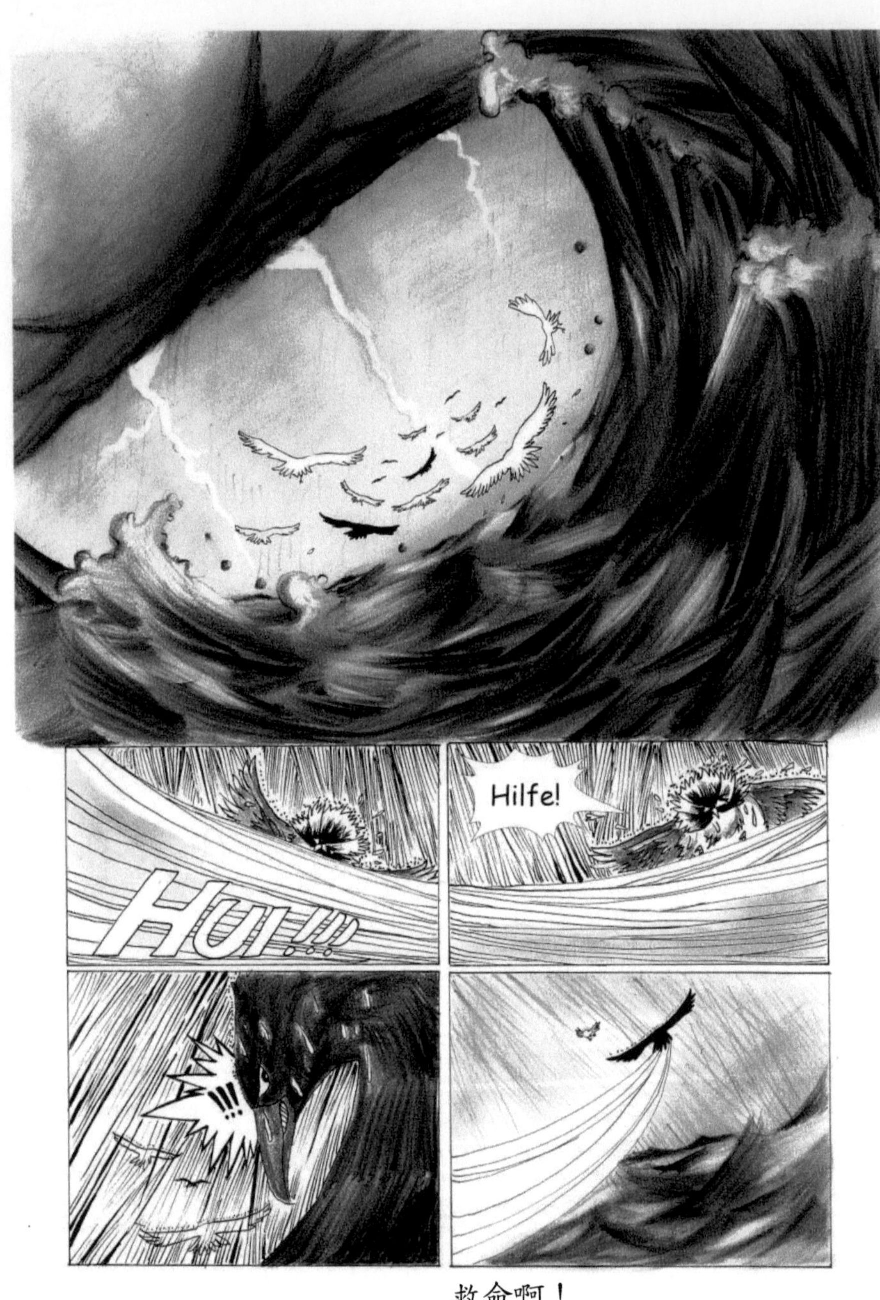

救命啊！

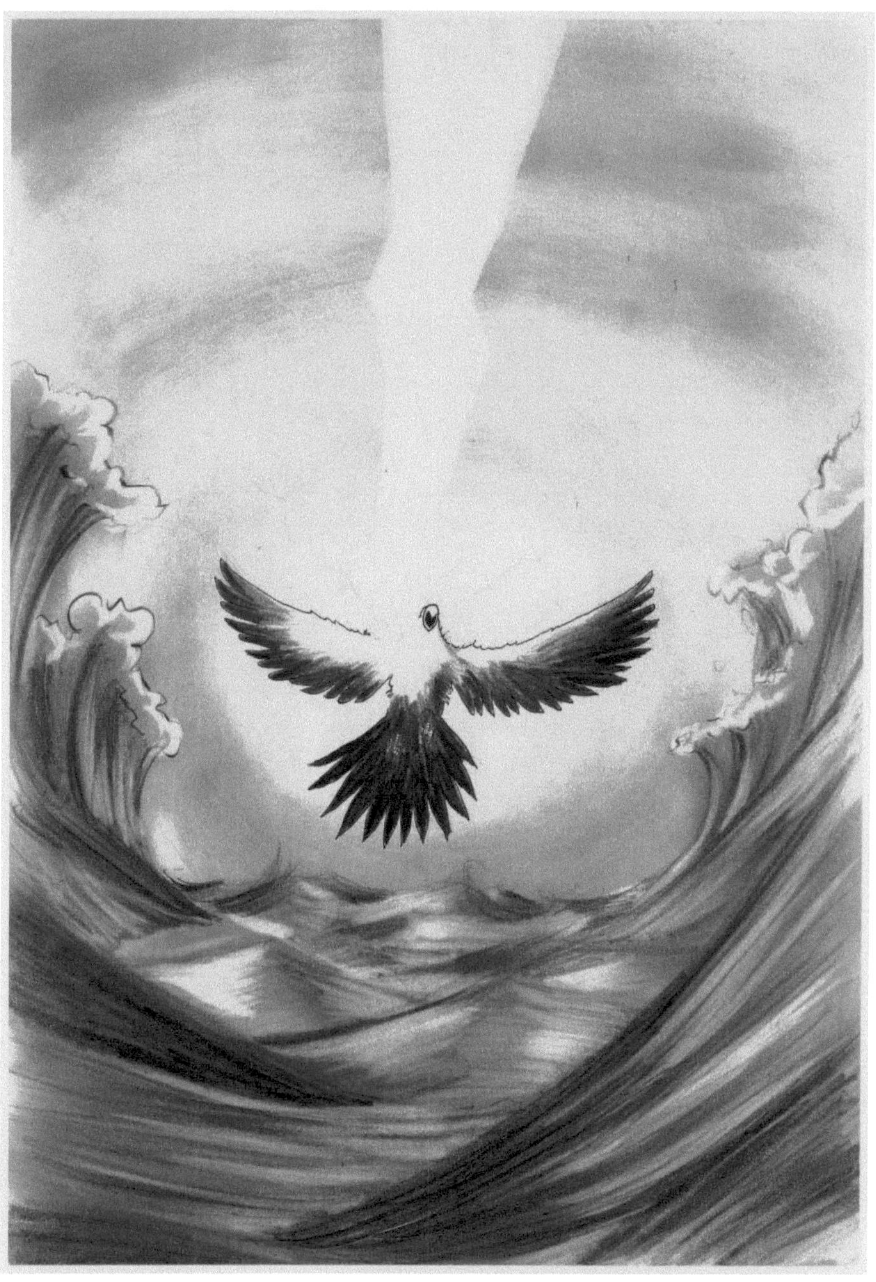

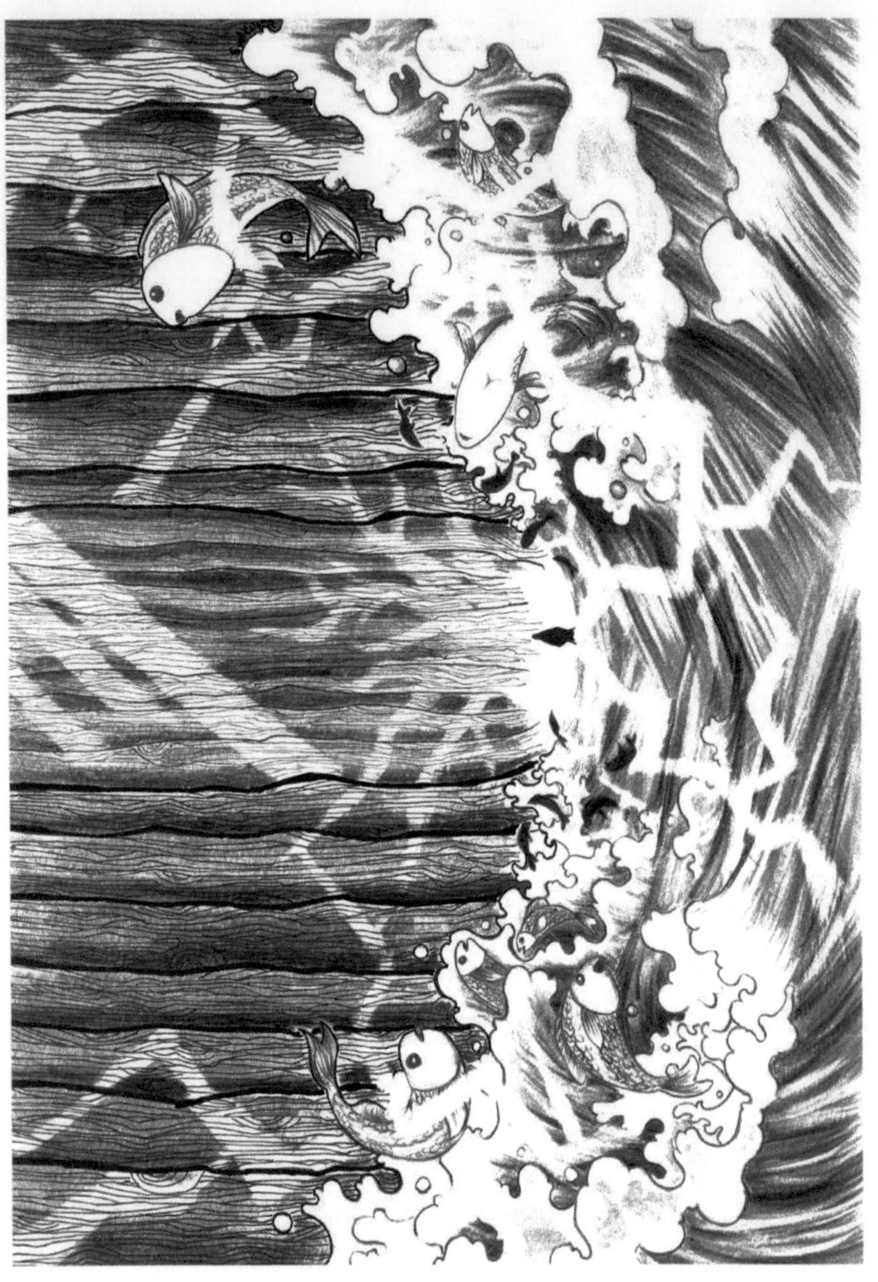

怎麼一回事？

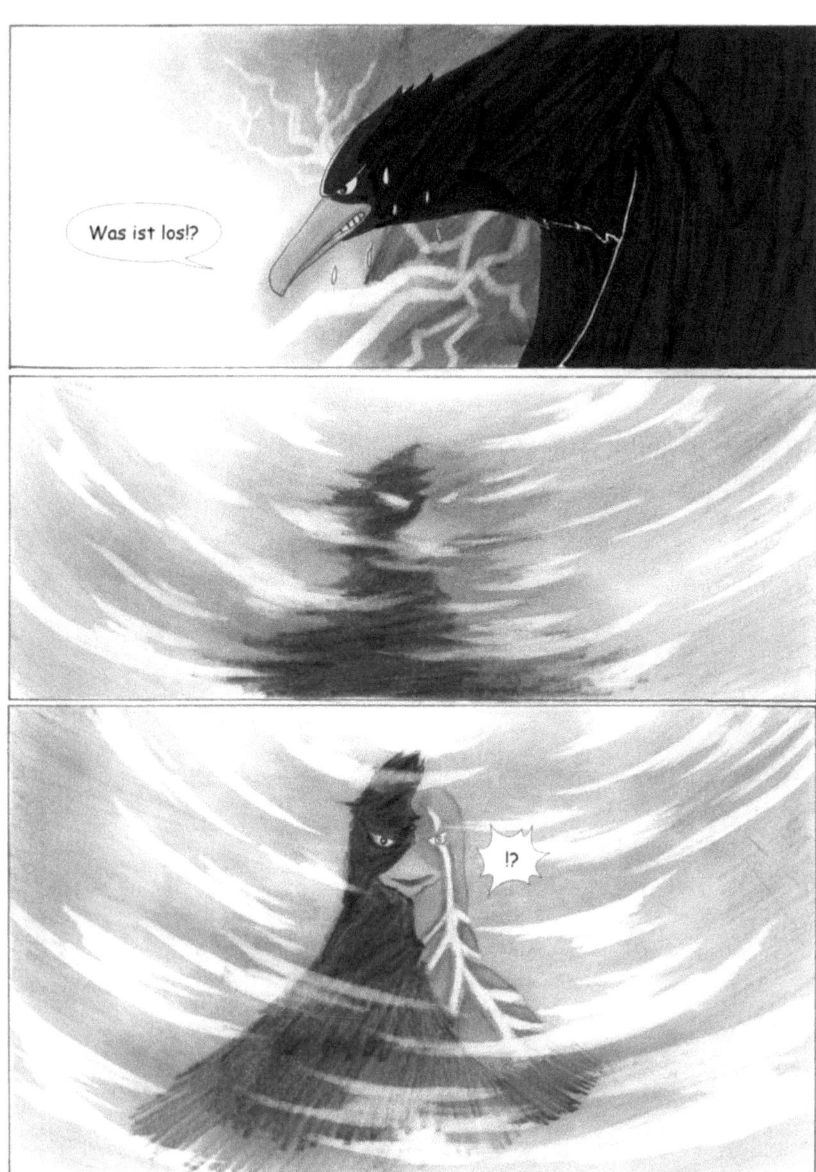

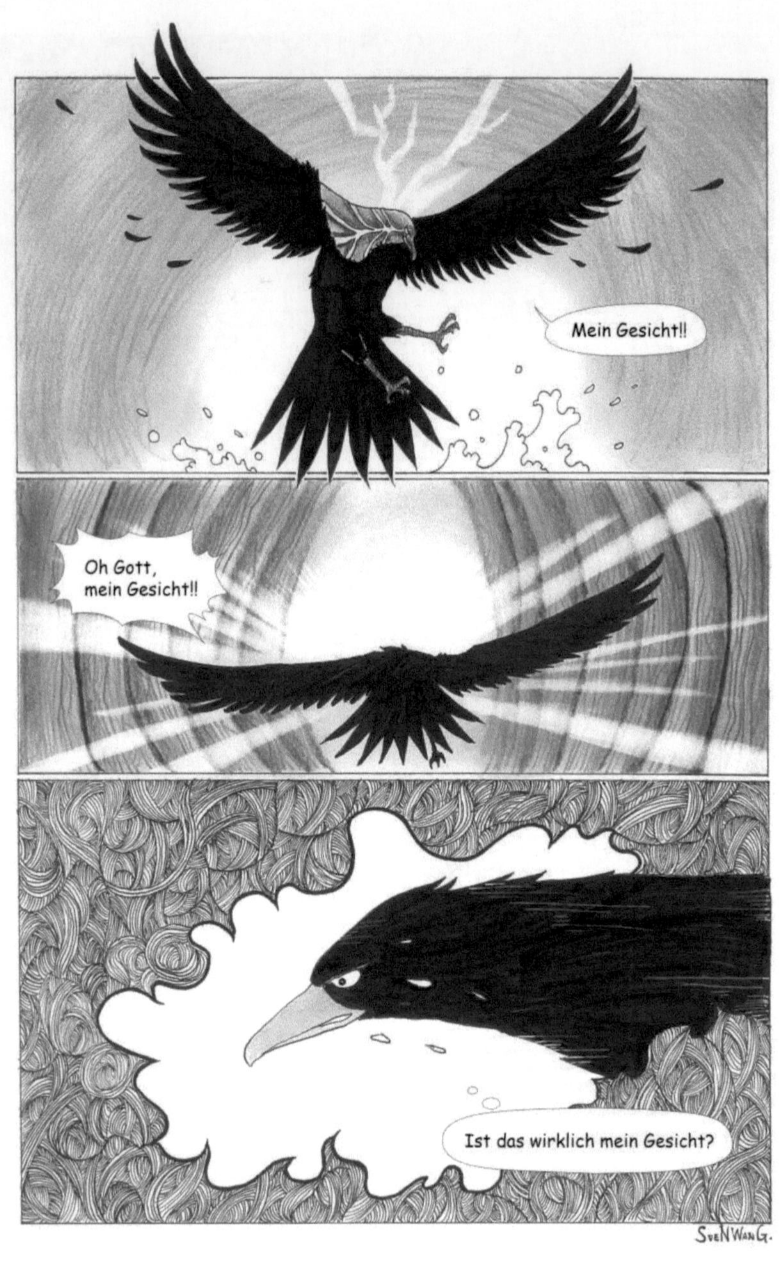

我的臉！　　天啊！我的臉！　　那是我的臉嗎？

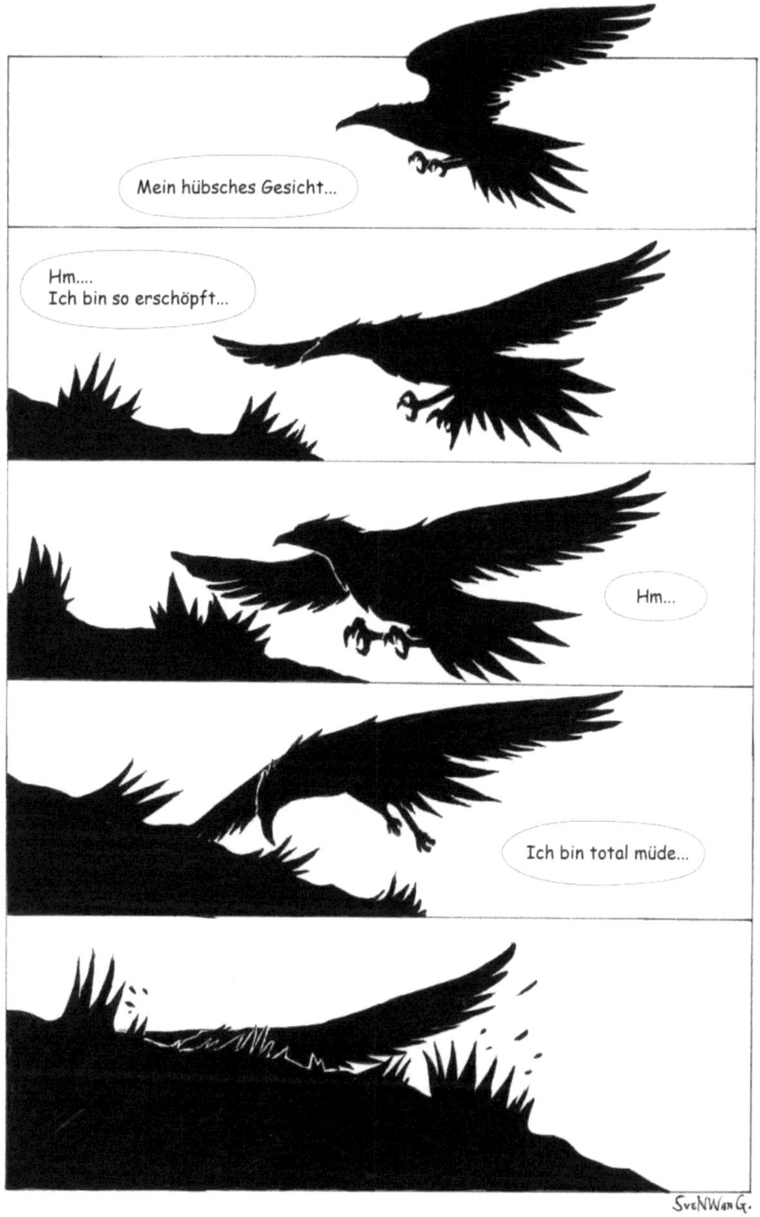

我的帥臉⋯　　嗚⋯好累　　咕⋯⋯　　好想睡一下⋯

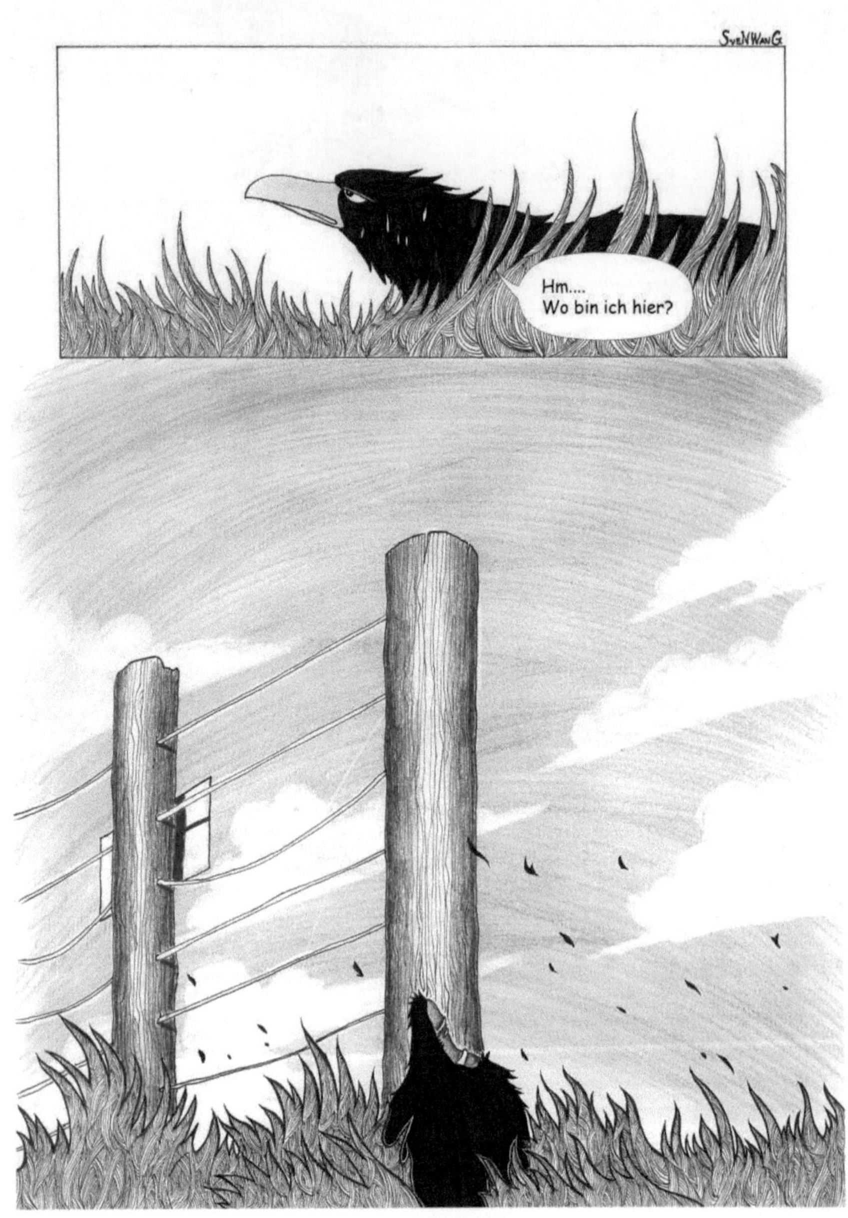

嗚…這是哪？

真的是怪物啊啊啊！

快滾！

啊啊抱歉！

我不是故意…

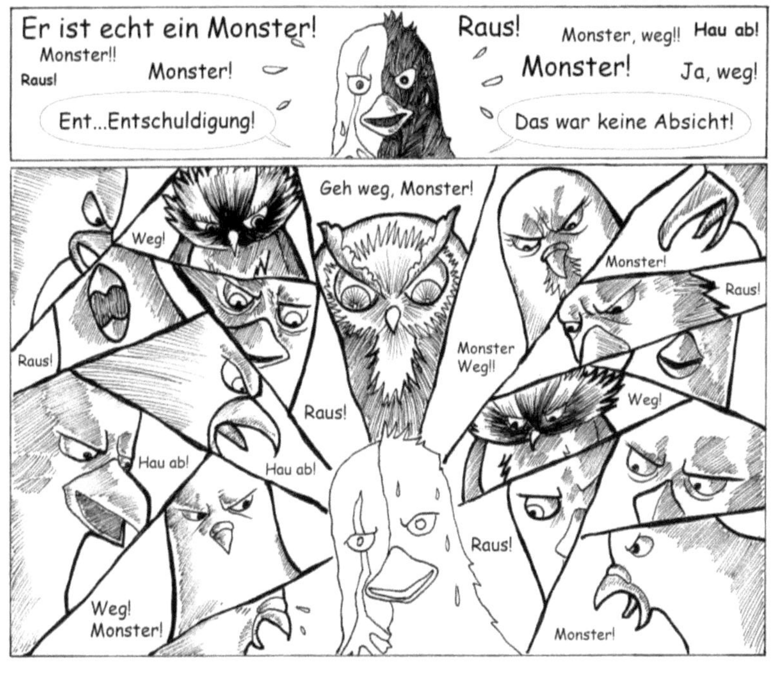

離開！怪物！
滾！

我懂了…我不會再打擾你們了…

93

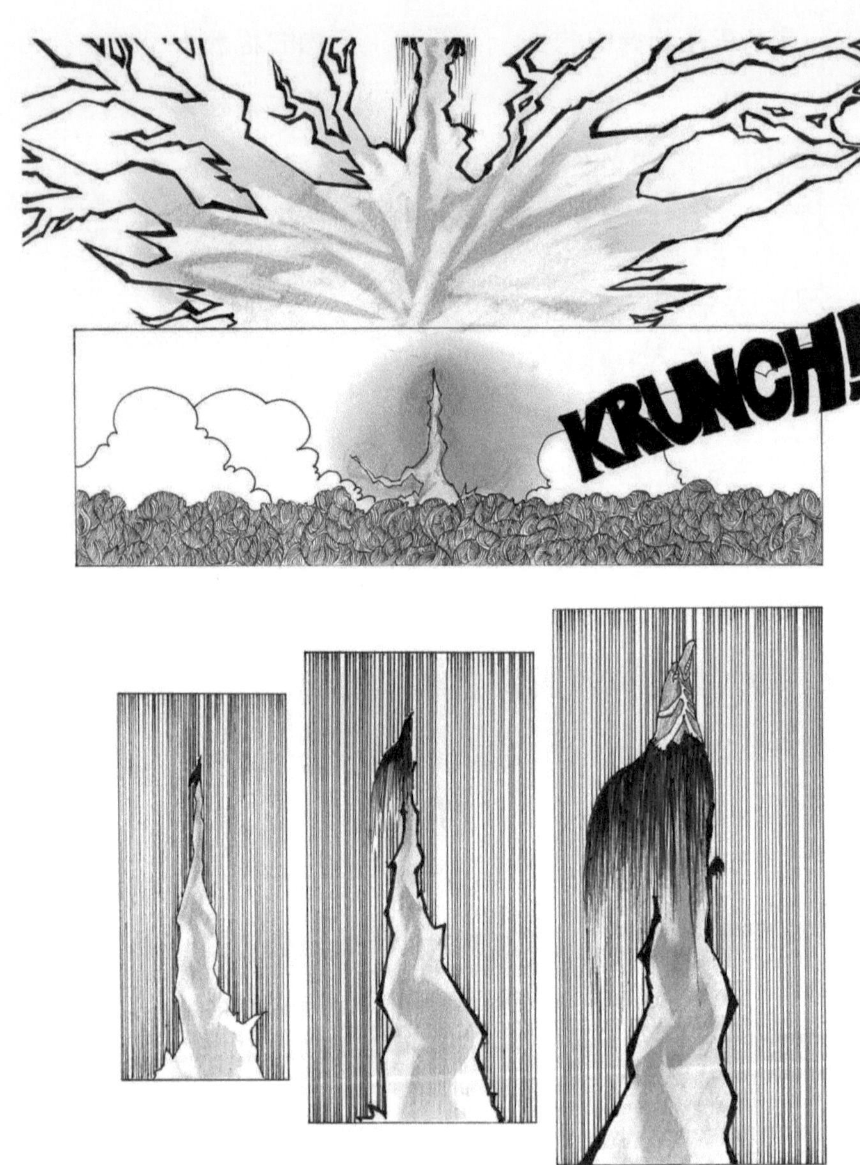

wird fortgesetzt...

待續…

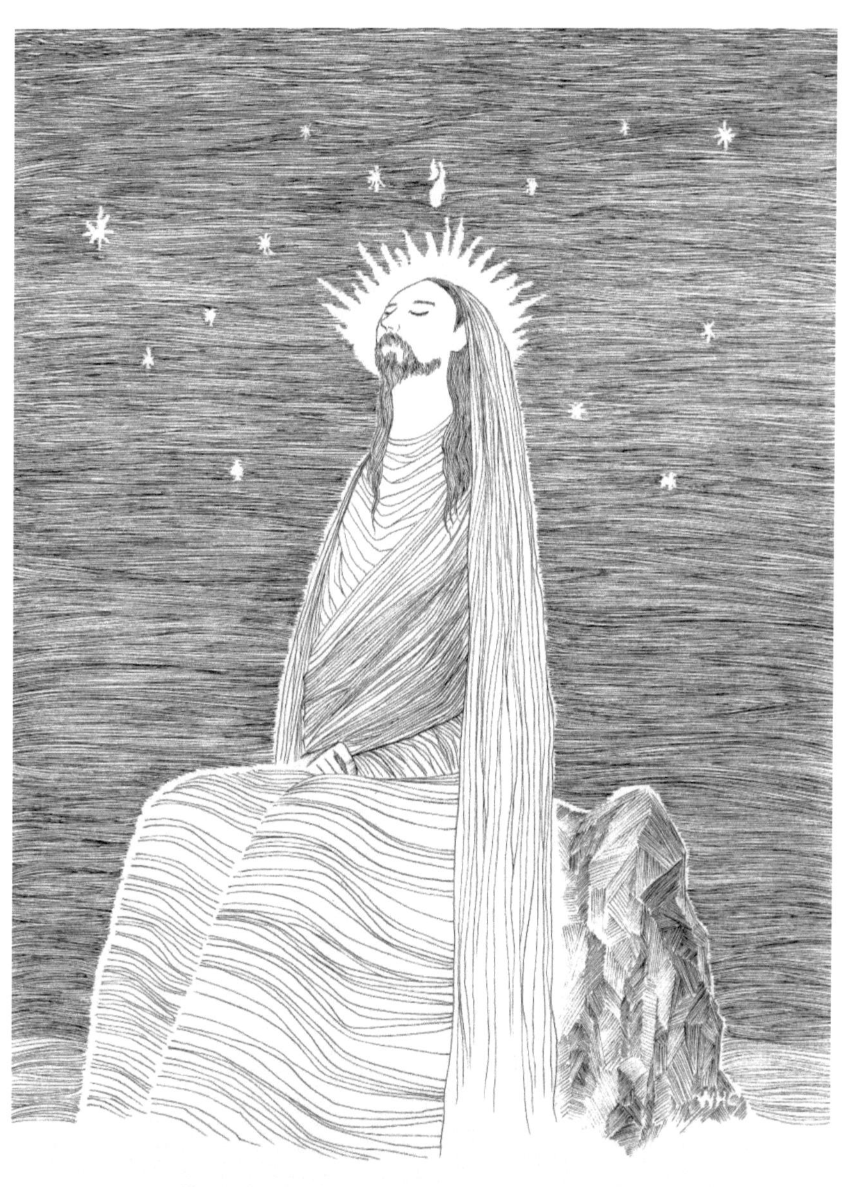

在曠野中祈禱
In der Einöde beten

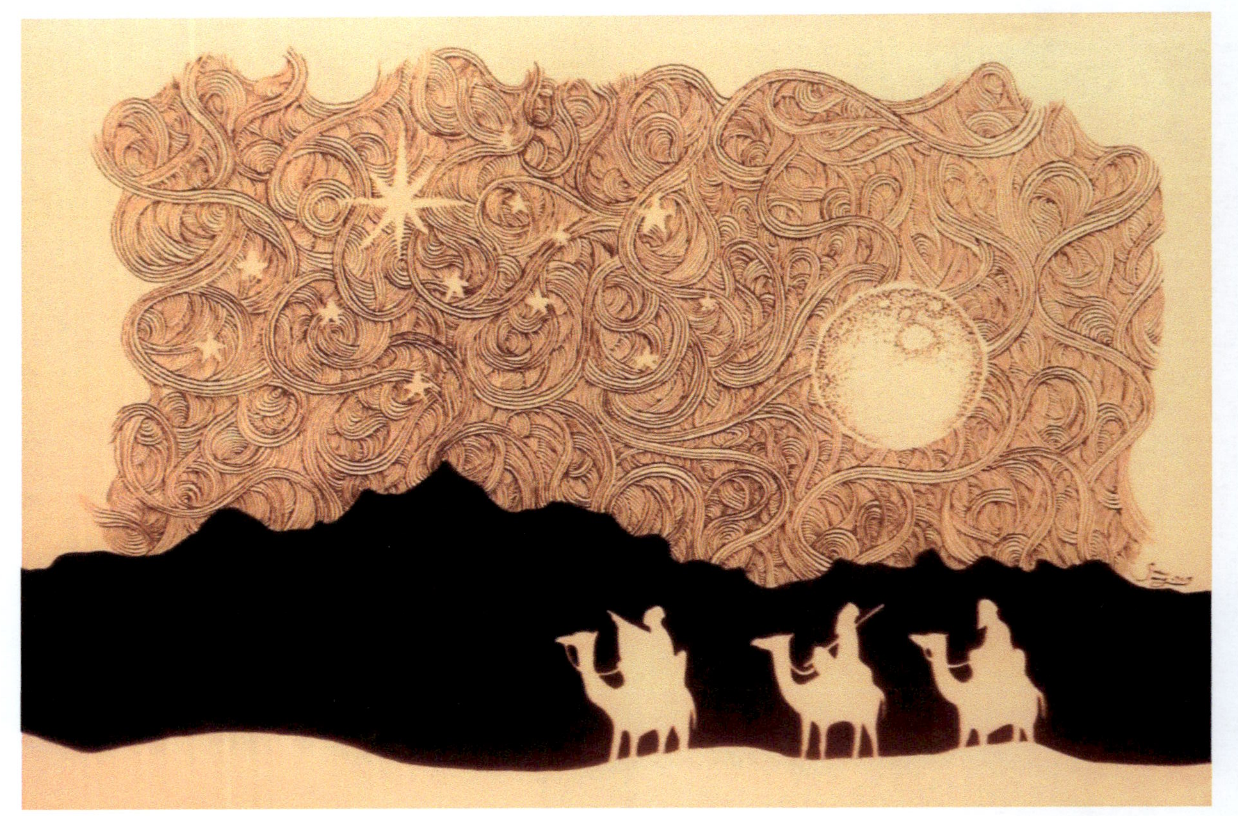

聖誕卡 - 東方三博士 / Weihnachtskarte „Die Weisen aus dem Morgenland"

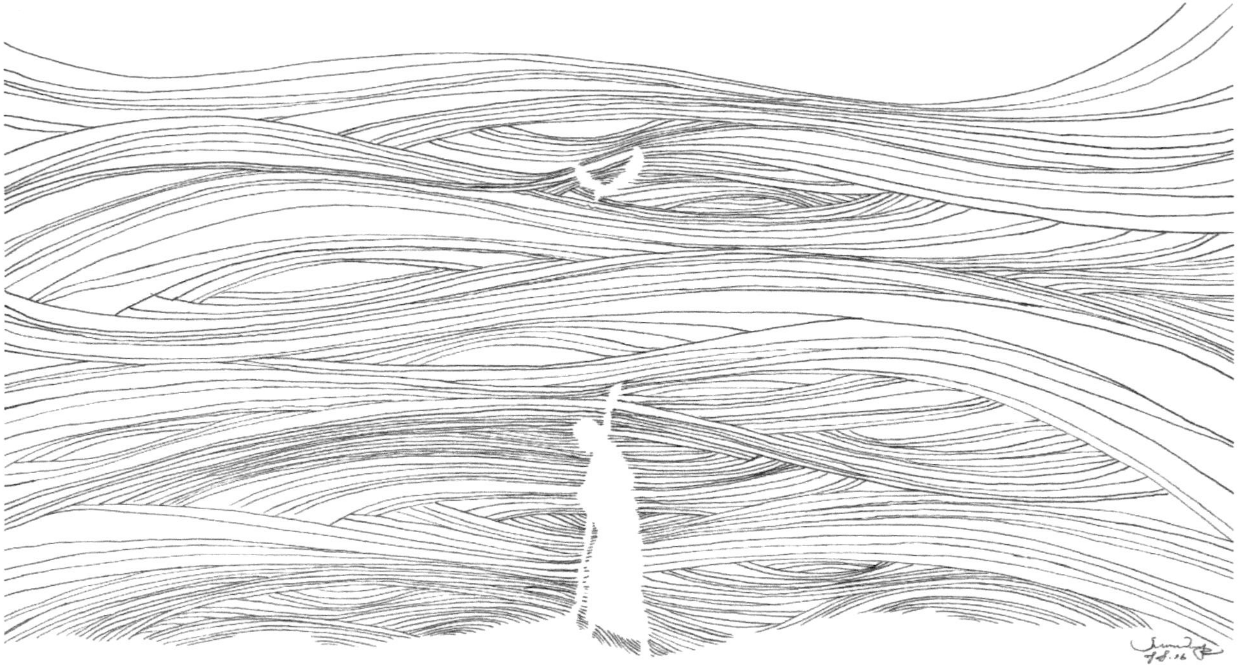

荒野中的耶穌 / Jesus in der Einöde

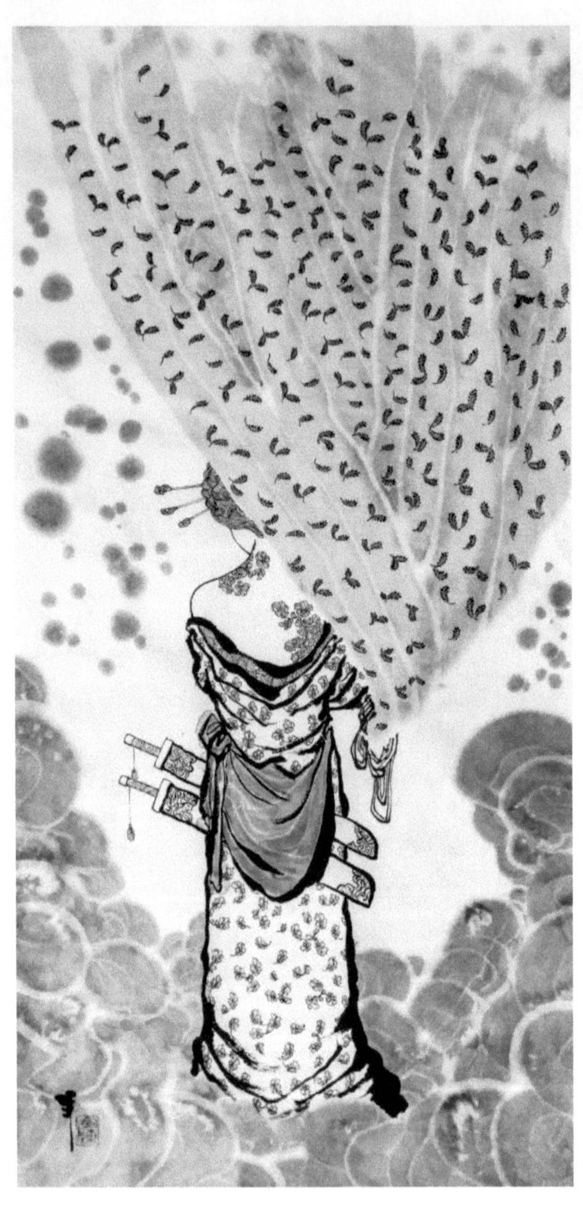

母夜叉孫二娘(水滸傳) /水墨畫，宣紙
Weibliche Yaksha „Sun, Ehr-Niang" 《Die Räuber vom Liang-Shan-Moor》 / Tuschmalerei, Reispapier

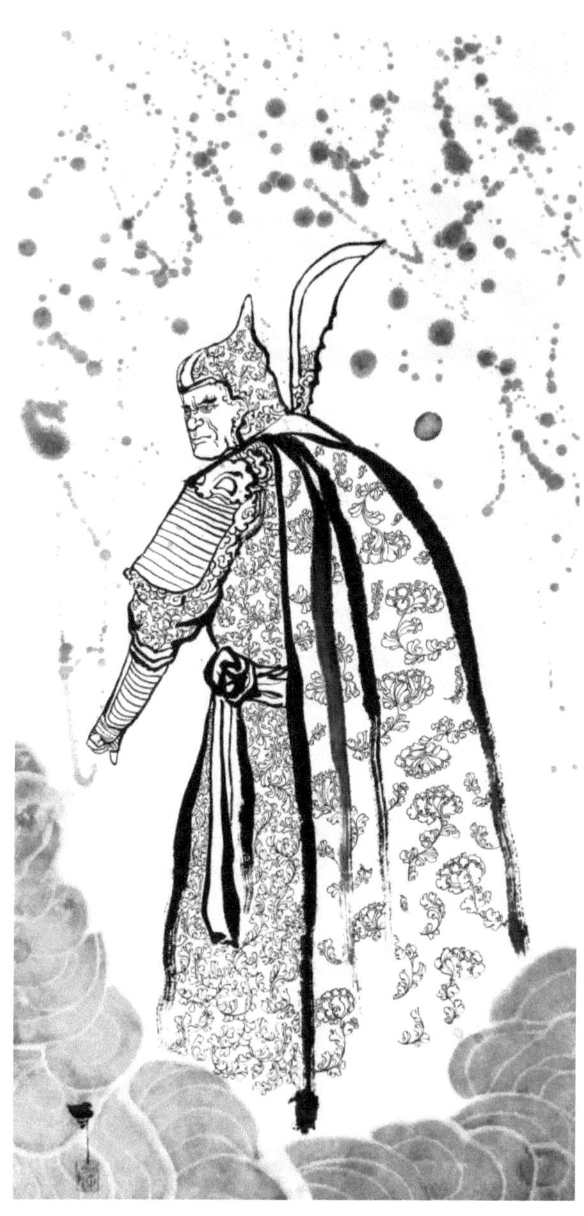

獨角龍鄒潤(水滸傳) / 水墨畫，宣紙
Der Einhorn-Drache „Zou Run" 《Die Räuber vom Liang-Shan-
Moor》 / Tuschmalerei, Reispapier

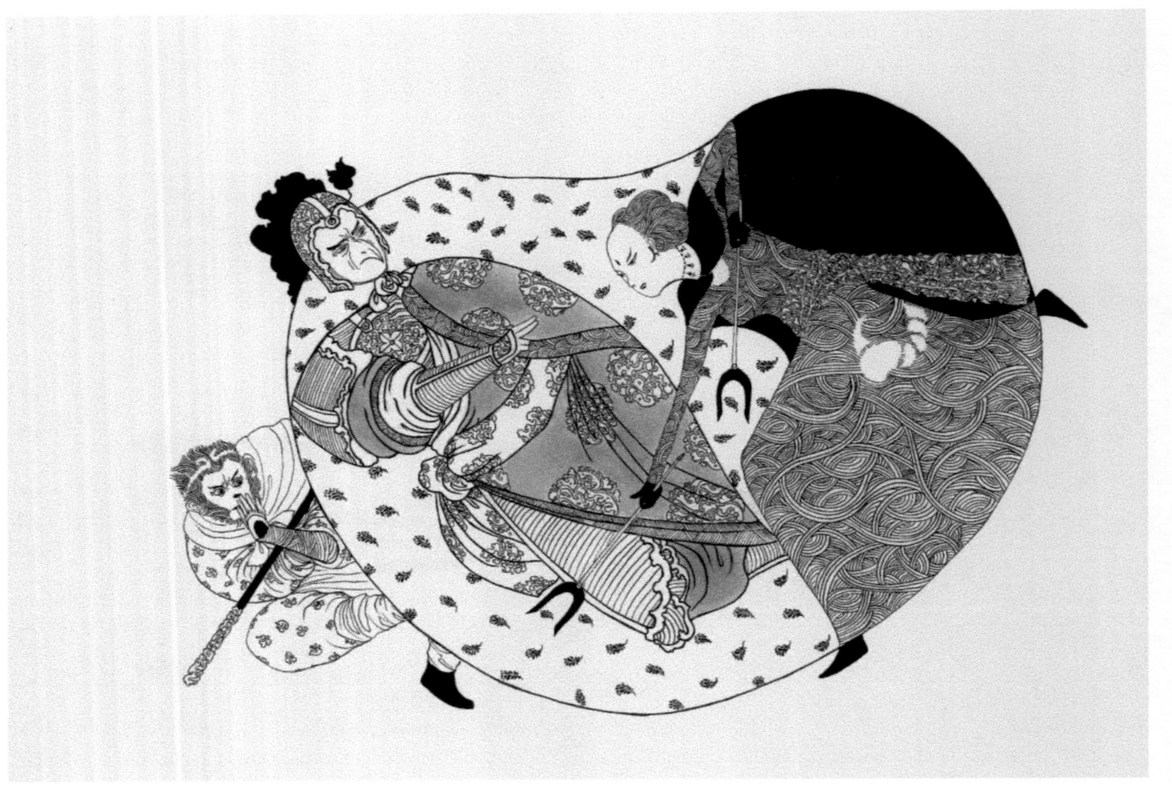

賀年卡 - 西遊記 第五十四回
Neujahrskarte „Die Reise nach Westen", Kapitel 54

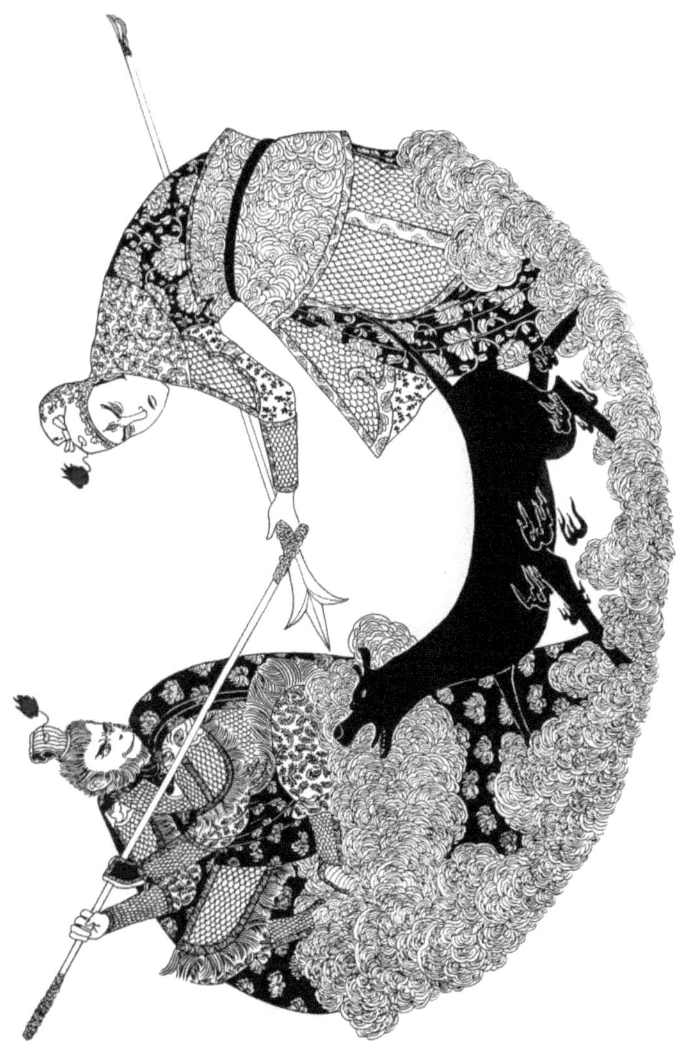

賀年卡 - 西遊記 第六回
Neujahrskarte „Die Reise nach Westen", Kapitel 6

Über die Autorinnen und Autoren der Beiträge:

Pei-Yu Chang, 1979 in Taipeh (Taiwan) geboren, hat Deutsche Kultur und Sprache sowie Deutsche Literaturwissenschaft in Taipeh studiert. Nach ihrem Master-Abschluss kam sie nach Deutschland und begann eine Promotion über „Chaostheorie in der Literaturwissenschaft" an der Universität Münster. Dabei entdeckte sie ihre große Leidenschaft zur Buchkunst. Um sich ihr ganz widmen zu können, nahm sie 2012 ein Studium im Fachbereich Illustration an der Fachhochschule Münster auf, das sie im Februar 2016 mit dem Kinderbuch „Der geheimnisvolle Koffer von Herrn Benjamin" abschloss. Zurzeit lebt und arbeitet sie in Deutschland als Illustratorin, Buchgestalterin, Übersetzerin und Dozentin im Fachbereich Illustration an der FH Münster.
www.peiyuchang.de
張蓓瑜，1979 年出生於台灣台北，大學和研究所時主修德國文學，碩士畢業後赴德國明斯特大學就讀博士學位，研究「文學中的混沌理論」，期間發現她對書籍藝術的熱愛，於 2012 轉讀明斯特應用大學插畫系，2016 年完成畢業作品《班雅明先生的神秘行李箱》。目前旅居德國，從事插畫創作、書籍設計、翻譯，並於德國明斯特應用大學插畫系擔任講師。
www.peiyuchang.de

Holger Hähle: geb. 1963/ Studium der Naturwissenschaften, BWL und Philosophie in Münster und Braunschweig, (MS)/ umweltpolitisch aktiv im BUND und bei Greenpeace/ Berufstätigkeiten in den Bereichen Forschung & Entwicklung, Vertrieb und Marketing/ seit 2011 Lehrer an der „Wenzao Ursuline University of Languages" in Kaohsiung (Taiwan)/ kulturanthropologische Forschung mit Schwerpunkt Genderless Fashion.
何浩哲：生於 1963 年，在明斯特與布朗斯威克研究自然科學、企業管理學和哲學（碩士）／在德國自然保護組織和綠色和平組織積極參與環境政策／職業領域為研究與開發、販賣與行銷學／

自 2011 年於（臺灣）高雄市文藻外語大學擔任教師至今／在文
化人類學中主要研究無性別時尚。

Konstantin Klingberg, Jahrgang 1977, betreibt neben dem Schrei-
ben über Bilderbücher in Freiburg eine Buchhandlung für unter
anderem diese. http://buchhandlung-klingberg.de/
康斯坦丁・克林柏格（Konstantin Klingberg），1977 年次，在德
國弗萊堡市開書店，所賣的書包括圖畫書，克林柏格先生也常寫
圖畫書書評。（網址：http://buchhandlung-klingberg.de/）

André Sven Maertens (Jahrgang 1973) ist Assistant Professor am
Seminar für Deutsch als Fremdsprache der Wenzao Ursuline
University of Languages in Kaohsiung (Taiwan) und wurde an der
Albert-Ludwigs-Universität Freiburg über Kriegsliteratur von Gert
Ledig promoviert. Neben Prosaliteratur über die Themen Krieg und
Gewalt interessiert er sich dafür, wie sich historische und politische
Stoffe durch grafisches, sequenzielles Erzählen darstellen lassen.
梅安德(1973)助理教授任教於台灣高雄文藻外語大學德文系，博
士論文以戰爭文學為主題，專研德國作家傑特・雷帝西的小說。
除了以戰爭和暴力為主題的文學之外，他對圖像式及連續性文學
中如何呈現歷史、政治等素材興趣特別濃厚。
Kontaktadresse / 聯絡方式: andre-maertens@gmx.de
https://www.facebook.com/politikimcomic/

Gerhard Mauch (Gischbl): Ich bin Zeichner, Karikaturist und
entwicklungspolitischer Aktivist (Schwerpunkt Fairer Handel). Erst
1996 habe ich meine erste eigene Bildgeschichte gezeichnet und fühle
mich im Gruftiealter von 63 Jahren immer noch als junger Zeichner.
Acht entwicklungspolitische Bildgeschichten sind mittlerweile
entstanden (u. a. in Kooperation mit Misereor und terre des hommes).
Ich bin aber auch begeisterter Fan der Bildgeschichte (mit einer
großen Sammlung) und verstehe mich als Experte. So entstehen
immer wieder Artikel zum Medium.

傑哈德・毛赫（筆名：Gischbl）：我是一名畫家、諷刺漫畫家及發展援助政策分子（重心為公平貿易）。1996 年我畫了第一部漫畫，在 63 歲這把年紀我仍覺得自己還是個年輕畫家。當時出了八部發展援助政策的漫畫（此外也和 Misereor 和 terre des hommes 這兩個組織合作）。同時我也是熱愛漫畫的粉絲（擁有大量收藏），並將自己視為專家，因此不斷撰寫相關文章。

Heike Oldenburg (geb. 1962), M.A. Anglistik und Psychologie, Abschlussarbeit über Intertextualität am Beispiel von Aristophanes´ und Ralf Königs „Lysistrata". Ehrenamtlich aktiv in der psycho-sozialen Szene als „Expertin in eigener Sache". Schreibe gern und viel: Persönlichkeitsdarstellungen, Buchrezensionen (z. B. von Comics) und Reiseberichte. Lebensthemen: Frieden, Behinderte und Umgang mit ihnen. Siehe: http://blog.expa-trialog.de/

海珂・歐登伯格（1962 年－），英國語文學及心理學碩士，關於互文性的畢業論文以阿里斯托芬和拉夫・寇尼西（Ralf König）的《利西翠妲》為例。自願以「專家」身份鑽研社會心理案件。擅長撰寫：人格表現、書評（如：針對漫畫）與遊記。致力於和平、身障人士，以及與身障人士相關之議題。詳情請見：http://blog.expa-trialog.de/

Wang, Han-Chiao (1989 in Taiwan geboren): Ich bin Fotograf, Kalligrafie-Künstler und Illustrator und lebe in Bremen. Die biblische Erzählung, alte chinesische Literatur, Natur und Umweltschutz interessieren mich besonders. Deswegen sind meine Werke fast alle über diese Themen. Als letztes habe ich Szenen aus dem klassischen chinesischen Roman „Die Reise nach Westen" illustriert.

王翰僑（1989 出生於台灣）：我本身是一位攝影師、書法人、插畫家。現於德國不來梅生活。對於聖經故事、中國古典文學，大自然及環境保護的課題非常有興趣，所以我的作品幾乎都是以上述的題材為背景下去創作。近期最新的作品為中國經典文學《西遊記》內的一段故事場景。

Wang, Yu-Kai: Ich bin 1997 in Kaohsiung geboren. Ich studiere im Department of Digital Content Application and Management der Wenzao-Universität. Mein Hauptfach ist Webdesign. Mein Traumberuf ist Website-Designer. Ich denke gerne. Für Programmieren braucht man gute Logik. Aber ich interessiere mich auch für andere Dinge, das macht mir Spaß. Ich hoffe, dass Ihnen meine Arbeit gefällt.

王昱凱：我叫做王昱凱，1997 年出生於高雄市。目前就讀文藻數位內容應用與管理系，在這個科系中專攻網站程式編寫，希望可以成為網站工程師。我很喜歡思考這件事，也因為寫程式需要良好的邏輯，所以我選擇這一條路。我也喜歡去了解許多不一樣的事情，不論是生活上或是其他專業上。對於我來說，這些事情給了我很多樂趣。對了，希望你會喜歡我的作品和它帶給你的感受。

Danksagung an die fördernden Organisationen:

Wir danken unseren Sponsoren!

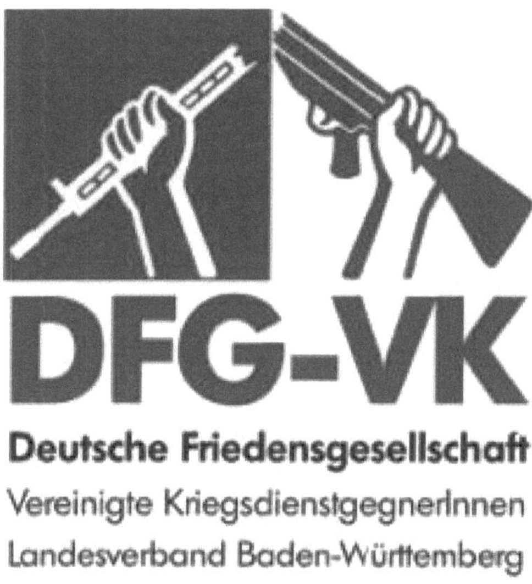

Die DFG-VK, 1892 gegründet, ist die älteste Organisation der deutschen Friedensbewegung. Gemeinsam mit anderen Gruppen und Organisationen im In- und Ausland setzen sich ihre Mitglieder aktiv dafür ein, friedliche Lösungen für Konflikte und Kriege zu erreichen und die Zivilgesellschaft zu stärken. Bekannte Mitglieder waren unter anderem Bertha von Suttner, Carl von Ossietzky, Kurt Tucholsky, Martin Niemöller und Petra Kelly.

▶ **DFG-VK Regionalgruppe Freiburg**
http://www.freiburg.dfg-vk.de/

▶ **DFG-VK Landesverband Baden-Württemberg**
https://bawue.dfg-vk.de/bawue-start

Der Klappentext in weiteren Sprachen:

Angesichts der Tatsache, dass auch dieser zweite Band der Reihe „Zeichnen und Erzählen" zum Teil an der Ursulinischen Wenzao-Universität für Fremdsprachen (文藻外語大學) entstanden ist, und auch, um die für die historische Entwicklung des Comic-Mediums wichtigen Literaturregionen Frankreich/Belgien, USA und Japan zu würdigen, sollen hier die wichtigsten Informationen über den vorliegenden Band in weiteren Sprachen zur Verfügung stehen, zusätzlich in Spanisch.
Unser Dank dafür geht an die Student*innen der verschiedenen Fakultäten und besonders an die ausländischen Student*innen, die am Chinesisch-Lernzentrum der Wenzao-Universität studieren.

Bande dessinée littéraire à propos de la guerre et des crises sociales: Qu'est-ce que les "nouvelles imagées" peuvent nous dire à propos de la politique

Pour des discussions critiques nécessaires sur la société, nous avons besoin d'une narration graphique qui nous pousse à penser et à agir. Ce deuxième volume de la série "Dessin et Narration" se focalise sur des histoires qui traitent de la guerre d'une manière critique. Mais qu'est-ce qu'une "bande dessinée de guerre"? Qu'est-ce que la "guerre"? Et qu'est-ce que cela signifie d'être "critique de la guerre"? Ici commence l'intéressant débat sur les bandes dessinées politiques. Les critiques de livres présentées ici vont de l'Amérique et du Mozambique jusqu'en Russie, de la vie de Walter Benjamin et de la communauté alternative de Berlin à la lutte contre la destruction de l'environnement, racontée comme une histoire d'aventure.

Comic Literature about War and Social Crises:
What Graphic Novels Can Tell Us about Politics

For the sake of necessary critical discussions about the society, we need graphic story-telling that drives us to think and act. This second volume of the serial "Drawing and Narrating" focuses on stories that deal with war in a critical way. But what is a "war comic"? What is "war"? And what does it mean by being "critical of war"? Here begins the interesting debate on political comics. The book reviews presented here range widely from America and Mozambique to Russia, from Walter Benjamin's life and Berlin's alternative community to the fight against environmental destruction, told as an adventure story.

Literatura de cómic sobre la guerra y la crisis social:
Lo que las novelas gráficas pueden decirnos sobre la política

Debido a las necesarias discusiones críticas sobre la sociedad, necesitamos historias narrativas que nos lleven a pensar y actuar. Este segundo volumen de la serie "dibujar y narrar" se centra en las historias que se relacionan con la guerra de manera crítica. Pero, ¿qué es un "cómic de guerra"? ¿Qué es "guerra"? y ¿qué significa ser "crítico de la guerra"? Aquí comienza el interesante debate sobre cómics políticos. Las reseñas de libros presentadas aquí abarcan desde América y Mozambique hasta Rusia, desde la vida de Walter Benjamin y la comunidad alternativa de Berlín hasta la lucha contra la destrucción ambiental, contada como una historia de aventuras.

戦争と社会的危機に対する漫画文学：
画像はいかに政治を論じるのか

必要な社会批判・討論には思考や行動を引き出すイメージストーリーが必要である。『絵画と叙述』シリーズ第 2 巻では主に戦争批判の漫画について述べている。しかし戦争漫画とは何か？何を戦争とするのか？また、「戦争批判」とはどういう意味なのか？本書は政治漫画を探求し、第 2 巻ではアメリカ、モザンビーク、ロシアに内容が及んでいる。またヴァルター・ベンヤミン(Walter Benjamin)の一生、ベルリンのサブカルチャーと冒険の形式で環境破壊に反対する奮闘する様子が描かれている。

**Grafische literatuur over oorlog en sociale crises:
Wat een beeldroman ons kan vertellen over politiek**

In het belang van noodzakelijke kritische discussies over de maatschappij, hebben we beeldromans nodig die ons aanzetten tot denken en handelen. Dit tweede deel van de serie "Tekenen en vertellen" richt zich op verhalen die op een kritische manier omgaan met oorlog. Maar wat is een "oorlogsstrip"? Wat is "oorlog"? En wat betekent het om 'kritisch over oorlog' te zijn? Hier begint het interessante debat over politieke strips. De boekrecensies die hier worden gepresenteerd, variëren van Amerika en Mozambique tot Rusland, van het leven van Walter Benjamin en de alternatieve gemeenschap van Berlijn tot de strijd tegen de vernietiging van het milieu, verteld als een avonturenverhaal.

Platz für Notizen ...

... und für Zeichnungen